ПОЛНОЕ
СОБРАНИЕ
СОЧИНЕНИЙ

Синий фонарь

Затворник и шестипалый

Омон Ра

Жизнь насекомых

Чапаев и Пустота

Generation П

ДПП(НН)

Священная книга оборотня

Шлем ужаса

П5

Empire V

Бэтман Аполло

t

Ананасная вода для прекрасной дамы

S.N.U.F.F.

Любовь к трем цукербринам

Виктор ПЕЛЕВИН

Том 10

П 5

МОСКВА
2016

УДК 821.161.1-3
ББК 84(2Рос=Рус)6-44
П24

Оформление серии *Андрея Саукова*

Иллюстрация на переплете *В. Харченко, И. Марковой*

Иллюстрации в тексте *В. Харченко, И. Марковой, А. Анисимова-Климкина, Е. Лаптарева, А. Опариной*

Пелевин, Виктор Олегович.

П24 Полное собрание сочинений. Т. 10. П5 / Виктор Пелевин. — Москва : Издательство «Э», 2016. — 320 с. — (Народное собрание сочинений Виктора Пелевина).

ISBN 978-5-699-84684-9

Прощальные песни политических пигмеев Пиндостана (или Пэ в пятой) — сборник рассказов Виктора Пелевина. В книгу вошли пять сюжетно не связанных друг с другом произведений: «Зал поющих кариатид», «Кормление крокодила Хуфу», «Некромент», «Пространство Фридмана» и «Ассасин».

УДК 821.161.1-3
ББК 84(2Рос=Рус)6-44

ISBN 978-5-699-84684-9

Зал поющих кариатид

Лена пришла на прослушивание за два часа до назначенного срока, но все равно оказалась в очереди девятой.

Девушки, собравшиеся в небольшом холле — среди желтой кожи, стекла, хрома и винтажных голливудских плакатов, украшавших стены вместо картин, — заметно нервничали.

Лена тоже.

Девушки исчезали за дверью из матового стекла с интервалом примерно в четверть часа, потом выныривали и шли к выходу. По их лицам ничего нельзя было понять.

Когда по холлу пролетел звон электронного колокольчика и секретарша назвала ее фамилию, Лена вдруг запаниковала и долго не могла засунуть книгу в сумочку, так что секретарша даже нажала на кнопку еще раз. Но по пути к матовой двери Лена пришла в себя — и толкнула ее уверенной рукой.

За дверью оказался небольшой кабинет, похожий на приемную доктора-косметолога:

письменный стол, пара кресел и жесткая медицинская кушетка, обтянутая клеенкой. Хозяин кабинета, которого было принято называть «дядя Петя», сидел на кушетке, скрестив мохнатые ноги, и курил сигару.

Дядя Петя был полный мужчина лет пятидесяти с голым черепом и мясистым лицом в стильных прямоугольных очках. Несмотря на свежевыбритость, он выглядел небритым: его полуседая щетина была так непобедимо густа, что казалось, будто он только что посыпал голову пеплом сигары, а для полноты покаяния втер некоторое количество еще и в щеки. Одет он был как ребенок — в мятые белые шорты и футболку с радужной надписью:

Taliban Ichkeria

Некоторое время он глядел на Лену, пожевывая сигару. Затем указал на стол и произнес:

— Раздевайся и залазь... То есть наоборот — залазь и раздевайся.

Лена была в курсе, что петь придется голой, но все-таки испытала шок, поняв, что все произойдет не на подиуме, а на письменном столе в прокуренной комнатенке. Как-то это выглядело несерьезно. С другой стороны, место было самое серьезное, какое только бывает, это она тоже знала.

Обнаружившийся диссонанс мог означать только одно — ее представления о серьезном и несерьезном не соответствуют актуальной действительности. Такое с ней уже бывало в жизни. Поэтому, отбросив сомнения, она залезла на стол и быстро обнажилась.

— Пой, — сказал дядя Петя.

— У меня флэшка с музыкой, — ответила Лена, — есть куда поставить?

— Давай без музыки.

Специально на этот случай у Лены была приготовлена песня про Югославию, которую пели «Татушки» — она очень выгодно подчеркивала ее тонкий чистый голосок. Лена запела:

Над вечерним Дунаем разносится
белый цвет белый цвет белый цвет...

— Ногу подними, — сказал дядя Петя.

Лена покраснела и, продолжая петь, подняла левую ногу, согнув ее в колене. Стоять на одной ноге было неудобно, но можно. Она развела руки в стороны и попыталась придать своей позе максимальное изящество.

Стыд наполнил ее голос какой-то особо пронзительной хрустальной чистотой. Дядя

Петя даже не смотрел на нее — так, может, глянул искоса один или два раза. Он занимался своей сигарой, которая слишком сильно прогорела с одного бока. Озабоченно смазывая слюной проблемную область, он пускал струи дыма в потолок, но раскурить сигару равномерно никак не получалось.

Когда Лена второй раз пропела «Ты уходишь в огонь, Югославия, без меня без меня без меня», в голове дяди Пети, видимо, сработало какое-то ассоциативное реле. Он стряхнул с сигары пепел, сморщился и сказал:

— Хватит. Давай что-нибудь другое.

— А ногу можно опустить? — спросила Лена.

Дядя Петя отрицательно помотал головой. Лена к этому времени уже порядком устала — и сделала ошибку.

Она запела «Колеса любви» «Наутилуса». Это была красивая песня, но с неуловимым и как бы скользящим мотивом, и петь ее следовало только под музыку.

— Это знала Ева, это знал Адам, колеса любви едут прямо по нам... — начала она, но через несколько секунд дала такого явного петуха, что замолчала от смущения, а потом начала заново.

— Не надо, — остановил ее дядя Петя.

Положив сигару на край кушетки, он сделал пометку в блокноте.

— Можно ногу опустить? — опять спросила Лена.

— Можно, — кивнул дядя Петя. — Можно уже одеваться.

— А декламация? Декламацию будете слушать?

— Нет.

Лена слезла со стола. Она чувствовала, как на ее щеках разгорается румянец позора, и ничего не могла с этим поделать. Ей было очень неловко, и, одеваясь, она смотрела в мусорное ведро — словно смирившись с тем, что отныне ее место именно там.

* * *

Дядя Петя позвонил через неделю, когда Лена уже успокоилась. Звонок раздался рано утром. Взявшая трубку сестра сказала:

— Тебя какой-то живчик.

Сначала Лена не поняла, кто это, и только когда дядя Петя назвал ее «Югославией», догадалась, что все-таки прошла конкурс.

— Насчет тебя сомнений не было, — сообщил дядя Петя, — ты только ногу подняла, и я все понял... Сегодня днем свободна?

— Да, — сказала Лена. — Конечно.

— Знаешь, где «Рэдисон-Славянская?» Приходи к трем часам ко входу, только паспорт возьми. Увидишь там человека с табличкой «Семиотические знаки». Подойдешь к нему.

— Зачем? — не поняла Лена.

— Затем, глупышка, что человек с этой табличкой отведет тебя туда, куда тебе надо. А ты что-то плохое подумала? Не бойся, плохого больше не будет, будет только хорошее и очень хорошее. Если, конечно, не разучишься краснеть. Это в нашем деле самое важное...

И дядя Петя засмеялся.

Без пятнадцати три Лена была на месте.

Судя по всему, в «Славянской» происходило какое-то крайне важное для мировой семиотики событие — у дверей стояло сразу несколько женщин в гостиничной униформе с такими табличками в руках. Одна из них, сверившись со списком, повела Лену в бизнес-центр. Там уже собралась целая толпа семиотических юношей и девушек — это даже немного напоминало первое сентября.

Женщина в униформе привела Лену в небольшой полукруглый зал с черными креслами, явно предназначенный для презентаций в узком кругу. В зале сидели незнакомые девчонки. Лена по привычке пошла на последний ряд и села рядом с миниатюрной девушкой с азиатским разрезом глаз, по виду совершенной японкой.

— Ася, — представилась японка и так очаровательно улыбнулась, что Лена сразу поняла, как та прошла конкурс.

— Лена, — сказала Лена и пожала протянутую руку. — Что сейчас будет?

— Говорят, какое-то вводное занятие.

Лена оглядела собравшихся. Всего в зале оказалось двенадцать девушек — все были красивые, но разные, словно их специально подбирали таким образом, чтобы создать контраст между разными типами физической привлекательности и усилить таким образом эффект. Здесь были две негритянки, одна мулатка, две смуглых среднеазиатки, две узкоглазочки (самой красивой была Ася) и пять девушек неопределенно-европейского вида: три блондинки (Лена посчитала себя), брюнетка и шатенка.

Через несколько минут ожидания в зал вошли дядя Петя, одетый в коричневый двубортный пиджак поверх черной водолазки, и молодой темноволосый мужчина в сером костюме от Zegna с галстуком неброского, но такого элегантного оттенка, что, если у Лены и оставались какие-то сомнения в серьезности происходящего, они отпали раз и навсегда.

Дядя Петя явно не был в этой паре главным. Он вел себя по отношению к молодому человеку очень предупредительно — включил ему микрофон и даже стряхнул несуществующую пыль с его кресла.

Усевшись перед микрофоном, молодой человек оглядел девушек, грустно улыбнулся и заговорил:

— Вы ведь знаете, девчата, что сейчас происходит в мире. Геополитическое противостояние между цивилизациями, основанными на служении духу и материи, обострилось до последнего предела. За этим скрыто такое же напряжение сил, как в зоревые утренние часы перед Куликовской битвой, когда православная рать ждала своего звездно-крестного часа...

Молодой человек обвел строгим взглядом девушек, как бы давая понять, кто теперь будет православной ратью — но это Лена прикинула уже давно. Неясно было, что такое «звездно-крестный». Она решила, что это калька с американизма «звездно-полосатый» — эдакий ответ диктатуре «Макдоналдса», за неимением нормального креатива слизанный с самого

«Макдоналдса», но заквашенный на правильном духовном начале.

— Особую остроту ситуации придает тот факт, — продолжал молодой человек, — что богатства нашей страны достались во время грабительской и преступной приватизации кучке олигархов, специально отобранных агентами мировой закулисы по принципу духовного убожества. Не то чтобы это были неисправимо дурные люди, нет, не следует так думать, папа-мама дурка восемнадцать. Они, скорее, похожи на маленьких детей, не способных стремиться ни к чему, кроме удовлетворения своих постоянно меняющихся желаний. Отсюда все эти футбольные клубы, гигантские яхты, вино по двадцать тысяч евро за бутылку и прочие гримасы, о которых вы, я думаю, наслышаны...

Лена не поняла, что это за «папа-мама дурка восемнадцать» (молодой человек пробормотал эти слова быстро и тихо), но сразу же забыла про это — ей вдруг до такой степени захотелось отхлебнуть вина за двадцать тысяч евро, что ее рот наполнился слюной. По залу прошел тихий вздох, подтвердивший, что собравшиеся не просто наслышаны о гримасах, а успели в мельчайших деталях изучить всю доступную о них информацию.

— В последнее время спецслужбы Запада развернули настоящую охоту на наших богачей-недотеп, — продолжал молодой человек. — Вы слышали, конечно, про громкие скандалы и аресты: сначала Куршевель, затем Фиджи, потом бутик «Гермес», а теперь вот Сен-Моритц, Мальдивы и Антарктида. Кампания тщательно спланирована и преследует две основные цели — во-первых, дискредитировать российскую цивилизацию, во-вторых — установить контроль над ее ресурсами посредством сбора компромата на владельцев ее основных активов. Наша элита стала мишенью, а объективная реальность текущей точки пространства-времени такова, что вместе с ней стали мишенью мы все.

Нахмурившись, он замолчал, словно давая слушателям возможность осознать всю серьезность ситуации. Затем на его лицо вернулась грустная улыбка, и он продолжил:

— Мы должны удержать ситуацию под контролем. Что для этого нужно? В первую очередь, создать условия, при которых эти инфантильные охламоны больше не будут позорить страну за рубежом. Мы должны, так сказать, воспроизвести тот дурманящий мираж, которым их привлекает Запад, по нашу сторону границы. Тогда мы обезопасим стратегические ресурсы отчизны и заодно сохраним в России те огромные средства, которые олигархия тратит на свои безобразия. Это, если хотите, один из приоритетнейших национальных проектов сегодняшнего дня — хоть по телевизору, по понятным причинам, вы об этом не услышите ни слова.

Он поглядел на часы.

— Остальное вам расскажет Петр Моисеевич. Главное, вы должны помнить, что, несмотря на внешнюю… двусмысленность, скажем так, вашего труда, он так же важен, как вахта матросов подводного крейсера, который несет ядерный щит страны. А может быть, и важнее — потому что война сегодня не та, что полвека назад, и ведется совсем другими средствами. Стране нужен щит нового типа, способный защитить наши рубежи изнутри, — и держать его будете вы, девчата! К вам переходит сегодня дело Александра Невского. Это огромная ответственность, но и великая честь. И пусть на этом пути ваши сердца озарит то прекрасное и невыразимое, что Боря Гребенщиков называет делом мастера Бо, а простые люди вроде меня — трансцендентально-экстралингвистическим императивом. Все теперь будет зависеть от вас. Удачи!

Прошептав что-то на ухо дяде Пете, молодой человек встал, помахал на прощание изящной маленькой ладонью и вышел из зала.

— Все поняли, кто с вами сейчас говорил? — спросил дядя Петя и выразительно поглядел в потолок. — Да... Вот так. Раньше был серый кардинал. Никто его и в глаза не видел. А теперь вот выступает по разным вопросам, общается с людьми. Настоящий, кстати, демократ в хорошем смысле — приехал на обычной «бэхе» без всяких наворотов. Только рассказывать про эту беседу на стороне я очень не советую.

Лена так и не поняла, что это был за «серый кардинал», но решила не выяснять — чтобы случайно кому-нибудь не проболтаться.

— Усвойте сразу, — продолжал дядя Петя. — Длинных ног для вашей работы мало, нужна короткая память. Никто — ни мама, ни папа, ни братик, ни даже священник на исповеди — не должен знать о том, что происходит с вами на службе. Чем чревато нарушение этого принципа, вы, я думаю, понимаете. Или есть такие, кто в непонятках?

Дядя Петя обвел взглядом притихший зал.

— Мы что, поступили в разведшколу? — спросила одна из девушек.

— Примерно, — улыбнулся дядя Петя. — Вы думаете, мы тут в куличи играем? Если полистать глянец за последние годы, дядя Петя только и делает, что жалуется всяким светским хроникерам, будто с Рублевки не поступает заказов на девочек и вся клиентура теперь только в провинции. Мы, конечно, и хроникерам платим, и журналам. С общественным мнением работа идет самым активным образом. Внедряется точка зрения, что на первом месте в системе ценностей современного олигарха стоит семья, на втором — заграничное образование детей, на третьем — православные идеалы, а разврат уже давно не в моде. На это, девочки, идут серьезные ресурсы. А теперь представьте, что кто-то из вас начнет торговать клубничкой... Рушится все здание. Понимаете последствия?

— Это все уже поняли, — мужским голосом сказала коротко стриженная блондинка, сидевшая в первом ряду. — Давайте конструктив. Где работать будем?

— Под Рублевкой.

— В смысле, рядом с Рублевкой?

Дядя Петя отрицательно помотал головой и ткнул пальцем в пол.

— Что вы имеете в виду? — напряженно спросила блондинка.

— Вы будете трудиться в подземном комплексе, который достраивается в районе Рублевского шоссе. Он расположен на глубине в триста метров под землей и способен выдержать прямое попадание ядерной бомбы. Комплекс будет выполнять функции бомбоубежища для национальной элиты на случай войн и терактов. А в мирное время он станет закрытым развлекательным центром, который элита сможет конфиденциально посещать, не покидая района проживания.

— И что, — спросила Ася, — про это убежище никто не будет знать?

— Скрыть строительство такого масштаба трудно, — ответил дядя Петя. — Но сохранить в тайне то, что будет там происходить, можно вполне. Все сотрудники, в том числе и вы, будут знать только касающееся их непосредственно. Кстати, не считайте себя солью земли. Вы далеко не главное содержание проекта. Вы даже не осы.

— Какие осы? — спросила одна из девушек.

— «Оса» — это «объект секс-аттракции», — ответил дядя Петя. — Наш профессиональный жаргон.

— А кто же мы тогда?

— Вы просто декоративный элемент в одном из вспомогательных помещений. Вы — поющие кариатиды. Знаете, что это такое?

Знали явно не все — это было видно по лицам.

Дяде Пете, видимо, стало жарко — он снял пиджак и повесил его на спинку стула. На его черной водолазке в районе живота оказался рисунок — изогнутый найковской загогулиной сперматозоид с подписью:

Just did it

— В словаре русского языка сказано, — сказал дядя Петя, — что слово «кариатида» обозначает скульптуру женщины, которая служит опорой крыши или образно выполняет эту функцию... Что значит «служить опорой крыши», вам сейчас объяснили, это политический аспект. А теперь поговорим о том, что значит «образно выполнять эту функцию». Мы создаем пространство персональных наслаждений совершенно нового типа. Его главным стилеобразующим элементом будет обнаженное женское тело. Это, конечно, не комната с голыми бабами. Неаполитанская тарантелла, над которой издевался еще Аверченко, никому сегодня не инресна. Нет... Мы делаем нечто такое, чего не видели даже пресыщенные римские императоры.

Откинув корпус назад, дядя Петя изобразил на лице римскую пресыщенность. На взгляд Лены, получилось очень похоже — несмотря на прямоугольные очки.

— Представьте кариатид, — продолжал он, — которые оживают по желанию клиента, поют, вступают с ним в беседу, оказывают ему различные услуги интимного характера... Но только в том случае, если клиенту это интересно. Все остальное время они пребывают в оцепенении, являясь просто деталью интерьера, в котором может происходить что угодно — от изысканной оргии до собрания акционеров. При желании клиент может прийти в это пространство со своими девушками или даже с семьей, и тогда вы должны будете часами сохранять каменную неподвижность. Ну, или создавать звуковой фон, выступая с вокальными номерами.

— А как мы будем часами сохранять каменную неподвижность? — спросила коротко стриженная блондинка с первого ряда. — Или Родина научит?

— Не иронизируй, киса, — ответил дядя Петя. — Вот именно что научит. Завтра утром. Только сначала подписки соберет.

— О невыезде? — спросила блондинка.

Дядя Петя улыбнулся.

— О неразглашении. А детство страшное забудь.

* * *

В спортзале ждали трое — бородатый доктор в белом халате, майор каких-то пятнистых войск и усталый лысый мужик в спортивном костюме. Доктор выглядел добродушным айболитом, зато майор полностью компенсировал это добродушие — его лицо, похожее на кирпич, которым разбили не один десяток черепов, не обещало ничего.

Встречу он начал с того, что построил девушек в шеренгу.

— Насчет секретности, — сказал он тихо, глядя куда-то в область своего паха. — Я хотел вам кино показать, где двух проблядушек живыми в печи сжигают. Начальство не разрешило. Предлагаю поверить на слово, что такое бывает. Верите?

Лена стояла в шеренге первой, поэтому почувствовала, что ответить следует ей.

— Верим, товарищ майор. Нам вчера про эту секретность все уши прожужжали.

— Вам жужжали про одно, — сказал майор, — а я жужжу про другое. Что вы там будете рассказывать гламурным журналистам про своих рублевских ебарей, это не моя проблема. А вот то, что я вам сейчас покажу — гостайна с грифом «совершенно секретно», и вы за нее теперь в полном ответе.

Он подошел к теннисной сумке, лежавшей у стены, и вынул из нее коробку дрянного серого картона — вроде тех, в которые пакуют запчасти к разным неинтересным машинам. В коробке лежали никелированный шприц-пистолет и рулон запаянных в пластик ампул.

Лена стояла близко и видела все в деталях: из-за треугольных головок ампулы напоминали формой патроны, а рулон был похож на пулеметную ленту. На ампулах не было никаких надписей, только какие-то красные черточки на боку. Внутри была жидкость чайного цвета.

— Препарат называется «Мантис-Б», — сказал майор. — Разработан еще в тысяча девятьсот восемьдесят пятом году для применения в спецвойсках. Что он собой представляет, расскажет товарищ полковник.

Лена ожидала, что заговорит изможденный человек в спортивном костюме, но на «товарища полковника» неожиданно отозвался айболит. Он сложил руки на животе, прищурился и заговорил:

— Как вам уже сказали, девочки, препарат называется «Мантис-Б». «Мантис» по-гречески «пророк». Кроме того, это биологическое обозначение богомола. Слышали про такое насекомое? По-английски его называют praying mantis, «молящийся пророк» — из-за того, что он соединяет свои передние шипастые лапки в подобие сложенных перед грудью рук. Богомол — это очень интересное насекомое. Единственное, у которого вращается голова. У него множество глаз...

— Товарищ полковник, — попросил майор, — давайте о главном. А то запаримся им объяснять про животных.

— Верно. В общем, для нас важна только одна особенность этого насекомого. Богомол, ожидая добычу, может часами сохранять неподвижность. Окраской и формой он напоминает сухую веточку, поэтому к нему безбоязненно приближаются другие насекомые. Тогда-то богомол и хватает их своими шипастыми передними лапами...

Айболит схватил что-то невидимое, поднес руки ко рту и громко щелкнул зубами. Над строем пронесся нервный смешок, и Лена подумала, что добродушный вид доктора имеет такое же функциональное назначение, как сходство богомола с сухой веточкой.

— Наши специалисты, — продолжал доктор, — много лет исследовали паранормальные особенности многих животных и насекомых. В частности, мы изучали богомолов, пытаясь понять, каким образом это насекомое так долго сохраняет полную неподвижность. Вы все смотрели фильмы про японских ниндзя и понимаете, как это может пригодиться, например, сидящему в засаде снайперу или агенту спецслужб. Особенно в наши дни, когда любая охранная система включает в себя крайне чувствительные детекторы движения. В результате исследований из мозга и нервной системы богомола было выделено вещество, отвечающее за этот механизм. Это сложный белок, некое отдаленное подобие токсина, или, скорее, белка-репрессора, который представляет собой двудоменную глобулу из соединенных дисульфидным...

— Товарищ полковник, — укоризненно сказал майор.

Доктор кивнул.

— В общем, — продолжал он, — на основе этого вещества был создан препарат «Мантис-

Б». Он позволяет человеку много часов сохранять полную неподвижность без негативных последствий для организма. Я подчеркиваю, речь идет о полной, каменной неподвижности.

— Они не поймут, — сказал майор. — Надо показать. Васек, иди сюда.

Мужчина в тренировочном костюме послушно подошел к майору.

— Покажи руки, — скомандовал доктор.

Васек вытянул руки перед собой. Они заметно тряслись.

— Можешь опустить.

Майор вынул из пластиковой ленты ампулу, зарядил шприц-пистолет и сказал озабоченно:

— Пригнись-ка.

Васек встал на колени. Майор поднес шприц к его затылку и нажал на спуск. Раздался пшик, и Васек сказал:

— Уй. Холодная!

— При инъекции в затылочную область действие практически мгновенное, — сказал доктор.

Васек поднялся на ноги.

— Еще раз покажи руки, — сказал доктор.

Васек повиновался. Теперь пальцы были идеально неподвижны.

Доктор подумал немного, развел его руки в стороны и поднял их вверх. Затем он наклонил его туловище, заставив оторвать от пола ногу. Васек принял такую позу, словно держал амфору, склоняясь вперед и балансируя вытянутой назад ногой. Так он и замер.

С каждой секундой у Лены росло чувство нереальности происходящего. Несмотря на очевидную неустойчивость позы, Васек стоял как каменный — его руки и поднятая нога не совершали даже мельчайших движений. Но поразительнее всего было изменение, которое произошло с его лицом. Только что Лена видела виноватую рожу алкоголика — подрагивающую, напряженную, сморщенную сразу в несколько наложенных друг на друга гримас. А теперь перед ней было лицо святого. Все его мускулы были расслаблены, оно выражало абсолютный покой и доверие и казалось прекрасным, несмотря на свою морщинистую изношенность.

— Как это... — прошептала одна из девчонок в шеренге.

Полковник в белом халате довольно улыбнулся.

— Как думаете, сколько он может так стоять? Час? Два? Ха-ха. До двух с половиной суток!

И при этом будет сохранять полную ясность сознания и способность к коммуникации. Только не советую пить много воды перед сменой. Вась, как ты себя чувствуешь?

Святой открыл глаза и сказал:

— Да нормально, товарищ полковник. Только трусы режут.

* * *

Коротко стриженную блондинку звали Вера. Она жила на Профсоюзной, а Лена с Асей жили в Беляево, совсем недалеко друг от друга. Домой поехали вместе, а на «Профсоюзной» вышли и отправились гулять по улицам возле метро.

— Что-то мне это не нравится, — сказала Лена. — Я думала, будет топовое кабаре с продолжением для эксклюзивных клиентов. А тут какой-то цирк. Кариатиды.

— Знаешь, — ответила Вера, — я за такие деньги не то что кариатидой, я домкратом работать пойду. У меня отец алкоголик, я от него на ночь письменный стол к двери придвигаю. Свою квартиру надо.

— А ты что думаешь? — спросила Лена у Аси.

Ася улыбнулась своей удивительной японской улыбкой.

— Я думаю, так даже интересно, — сказала она. — Все же лучше, чем обычной проституткой.

Это прозвучало так простодушно, что все трое засмеялись.

— Слушайте, — сказала Лена, — я вот чего не пойму. Если мы на Рублевке работать будем, нас где-то там и поселят?

— Как же, жди, — ответила Вера. — Дядя Петя говорил, будут возить на автобусе.

— Каждый день?

— Нет. Будем работать в три смены по четыре человека. Двое суток работаем, четверо отдыхаем. Нас поэтому двенадцать и набрали.

— Нормально, — сказала Ася. — Получается, как проводницей в поезде. Девчат, а давайте в одну смену попросимся?

— Зачем? — спросила Вера.

— Мы живем рядом, — сказала Ася. — Можно будет договориться, чтобы автобус приезжал на «Профсоюзную». Чем к «Славянской» мотаться.

— Это мысль, — согласилась Вера. — Надо будет еще кого-нибудь найти, кто здесь живет.

— Смотрите, — сказала Лена.

Из-за угла выехал белый «стретчер» — сильно растянутый лимузин. Он был настолько длинным, что с трудом вписался в поворот, а его стекла были тонированы так густо, что ни малейшей надежды проникнуть сквозь них в чужое прайвеси не оставалось. Лимузин казался разведывательным кораблем, спустившимся из счастливых заоблачных пространств на низкую орбиту, под тучи, в серый мир экономической целесообразности, эффективности и зубовного скрежета. Было понятно, что скоро разведка кончится, и корабль вернется туда, откуда прилетел. Но его вид не просто намекал на чужое преуспеяние и счастье, а еще и внушал робкую надежду: крышу украшали два скрещенных золотых кольца, похожих на локатор.

Лена провела взглядом по черным стеклам, белой эмалевой двери, опустила глаза еще ниже и увидела сверкающие никелем диски, окруженные черной резиной. Она поняла, что это есть те самые колеса любви, о которых она пела на конкурсе.

— Главное теперь не дать петухам, — пробормотала она.

— Чего? — спросила Вера.

— Нет, — сказала Лена, — это я так. Вспомнила кое-что.

* * *

Четвертой в смену попала негритянка Кима — она жила на «Академической», и согласилась встречаться с остальными на «Профсоюзной».

Кима оказалась самой образованной и умной из девчонок. Пожалуй, даже слишком умной — поговорив с ней пару раз, Лена с неудовольствием ощутила свою темноту в вопросах современной культуры: до этого она искренне считала, что художник Кулик нажил состояние, чирикая птичкой, а «Швыдкой» — не имя собственное, а бранный малороссийский эпитет с гнусным антисемитским душком.

Кроме того, у Кимы была смешная манера здороваться — она била себя правым кулаком по левому плечу и говорила:

— Путен морген!

Встречаться на «Профсоюзной» было удобно, потому что черный мерседесовский микроавтобус с табличкой «Семиотические знаки» отбывал в семь утра, и ловить его где-то в центре было бы тяжко — пришлось бы слишком рано вставать.

В первую поездку все нервничали. Особенно мрачной казалась Кима.

— Чего-то у меня нехорошее предчувствие, — сказала она, когда автобус тронулся. — По-моему, мы лоханулись. Это какая-то хрень, а не серьезный проект.

— Почему? — спросила Ася.

— Да хотя бы эта табличка за стеклом, — сказала Кима. — «Семиотические знаки». Уже напрячься можно. Семиотика — наука о знаковых системах, мы ее в университете проходили. Если на русский перевести, выйдет «знаковые знаки». Это ведь любому образованному человеку смешно станет.

— Угу, — буркнула Ася, у которой тоже было плохое настроение. — Что, лучше бы там написали «блядские проститутки»?

Лена поморщилась.

— Мы не проститутки, — сказала она. — Мы все-таки скорее гейши. Поем. Декламируем.

— Типа не лавка с дыркой, — сказала Ася, — а еще и наушники с фонограммой. Поэтому прайс другой.

Кима подняла палец.

— Хорошо, что напомнили. Вчера звонил референт дяди Пети, велел составить списки песен, чтоб они подготовили озвучку. В смысле, сопровождение — под фанеру нам петь не дадут. Сказал, от двадцати до тридцати номеров, больше не надо. По дороге как раз успеем.

У водителя нашелся еженедельник, из которого он разрешил вырвать несколько чистых страниц. Было поразительно, что «Колеса Любви» оказались в программе у всех.

— Сделаем отдельный номер, — предложила Вера. — Разобьем на голоса.

Лена предусмотрительно взяла с собой распечатанный репертуар, заготовленный еще к кастингу, поэтому ей не надо было ничего писать. Можно было расслабиться.

Она взяла у шофера зачитанный журнал «Женихи России». В него был вставлен другой журнал, совсем истрепанный и тонкий, под названием «Контркультура» — непонятно было, то ли это отдельное издание, то ли просто вкладка. «Контркультура», напечатанная на плохой газетной бумаге, выглядела очень несолидно и даже убого, но Вера объяснила, что так сделано специально.

— Контркультура же, — сказала она, словно это слово объясняло все.

— А что это такое? — спросила Лена.

— Это когда с неприличными словами и на дешевой бумаге, — объяснила Вера, — чтобы можно было обсирать глянец. Сегодня самая писечка.

Ася нахмурилась.

— Неправильно, — сказала она, — не обязательно на дешевой бумаге, бывает и на дорогой. Контркультура — это... — Она на секунду запнулась, словно вспоминая услышанную где-то фразу. — Это эстетика антибуржуазного бунта, экспроприированная правящей элитой, вот.

— А как можно экспроприировать эстетику? — спросила Вера.

— Да запросто, — ответила Ася. — Теперь все бунтари, у кого пиар-менеджер грамотный. Любая свинья из телевизора говорит, что за ней ФСБ охотится, только найти никак не могут... Вы че, я считаю, у нас вообще не должно быть никаких комплексов из-за работы. Потому что проститутки сейчас все, даже воздух. Раз он радиоволны через себя пропускает.

— Ты как-то эмоционально все воспринимаешь, через сердце, — сказала Кима. — Тебя так надолго не хватит. И потом, контркультура — это другое.

— Что? — спросила Ася.

— Просто рыночная ниша, — пожала плечами Кима. — И не только у нас, а во всем мире. По-английски пишется «counterculture». «Counter» — прилавок. Контркультура — это любой товар, который собираются круто продать и кладут на прилавок у самой кассы. Лен, ты че молчишь?

— Читаю, — ответила Лена. — Непонятно, почему у них мат через многоточия, если они бунтуют.

— А чтоб аудитория шире была.

— Ага... А вот тут пишут — «яркий интеллектуал, экспериментирующий в зоне массового мейнстрима...» Это тоже контркультура?

— Нет, — сказала Ася. — Это один Абраша капусту рубит, а другой его пиарит.

Больше Лена не задавала вопросов, но все-таки ей стало интересно, что такое эта контркультура, поэтому она решила проглядеть вкладку полностью.

Вполуха слушая девчонок, она прочла главный материал — рейтинг «100 Самых Дорогих Б...дей Москвы с Телефоном и Адресом», а затем и комментарий к нему (комментатор вопрошал, по какой причине — внезапного нравственного преображения или временного упадка в делах — в списке отсутствует ведущий ток-шоу «Шапки Прочь!» Дроздовец), наморщилась на странную рекламу («Устали от городской суеты и шума? Две минуты, и вы в сосновом лесу! Бельевые веревки фабрики «Раздолье»), полистала статью о шансонье

Шнуркове («Почему из всех борцов с диктатурой манагера именно этот продвинутый чегевара, знакомый многим состоятельным господам по искрометным песням на закрытых корпоративах, первым пустил о себе слух, что нехило поднимает на рингтонах? Да потому, что понял: в наши дни это единственный путь к тому, чтобы его рингтон действительно зазвучал на твоем iPhone 3G, дорогой манагер»), затем интервью с самим Шнурковым («автор песен «На...ри в П...ду» и «Х...й в Г...не» размышляет о тенденциях и метаморфозах новейшего российского кинематографа»), а потом — наверно, от утомительного контркультурного мата — почувствовала тоску и одиночество, закрыла мятежную вкладку и погрузилась в спокойный глянцевый омут «Женихов России».

И сразу наткнулась на большую статью под названием «Последний русский мачо».

Она была посвящена олигарху Ботвинику, которого в ней называли «женихом России № 1». Лена ввинтилась взглядом в фотографию круглого крепыша с неестественным румянцем во все щеки — словно пытаясь просверлить в глянце прорубь и выудить из-под нее какой-то секретный код.

— Могла бы полюбить такого? — спросила Ася, заглянув в журнал.

— Почему нет, — ответила Лена. — В любом человеке можно найти что-то хорошее. А когда у человека несколько миллиардов долларов, этого хорошего можно найти очень много. Надо только поискать.

Кима встала с места, чтобы поглядеть на фотографию.

— Попробуй с ним мысленно поговори, — сказала она. — Я читала, что человека можно притянуть к себе, глядя на его фотографию и говоря с ней. Только обещай ему что-то такое, чтобы ему тоже захотелось тебя увидеть. Потом он тебе обязательно встретится в жизни.

Лена иронично поблагодарила и стала читать.

* * *

В статье обнаружилось много интересного.

Вспоминали старый-престарый слух о том, что Ботвиник в девяностых набил морду Жан-Клоду Ван Дамму у дискотеки в Монте-Карло — и якобы ему долго нельзя было за границу, потому что его искал Интерпол. В это не особо верилось: старшая сестра Лены в те годы крутила любовь с ореховским бандитом, и Лена с детства знала, как трудно найти среди ореховских быков такого, который в свое время не набил морду Жан-Клоду Ван Дамму у дискотеки в Монте-Карло (многие с похабной ухмылкой давали понять, что этим дело не ограничилось). Если Интерпол и искал когда-то Ботвиника, то, конечно, за другое — но широкая растиражированность слуха, который не поленились откомментировать все серьезные политобозреватели («Запад получил еще один повод бессильно скрежетать зубами»), указывала на такие мощные бюджеты, что это было гораздо круче, чем действительно набить морду Жан-Клоду Ван Дамму.

На что косвенно намекала и сама статья. Среди иллюстраций имелась сделанная на пустынном пляже фотография олигарха, где была видна вытатуированная на его плече летучая мышь (этот фрагмент снимка воспроизводился рядом с сильным увеличением).

У мыши была темная история.

По одной версии, Ботвиник служил в десантных войсках (приводилась его фотография в форме, в обнимку с пацанами в голубых беретах возле входа в Парк Горького) — и там ему, по десантному обычаю, и вытатуировали этот символ. По другой, он просто самым первым из российских олигархов задумался о том, что впоследствии стали называть «пиаром», — и вложился в образ раньше всех остальных. Поэтому еще во времена залоговых аукционов статьи в «Коммерсанте» о его финансовых операциях назывались не иначе как «Высадилась Десантура». А мышь ему якобы вытатуировали позже, когда на «компромат.ру» появился слив, что он вообще не служил.

Такого же происхождения была и тема «русского мачизма» — автор статьи иронизировал, что по природе Ботвиник плохо подходил на эту роль, поскольку был порядочным интеллигентным человеком по маме и папе. Тем не менее, специальная команда культурологов, психологов и специалистов по нейролингвистическому программированию помогла ему добиться полной трансформации, попутно разработав по его заказу так называемый «криптоспик» — разговорную технику, внедрявшую в сознание собеседника специальные микрокоманды, сами по себе безвредные, но в контексте выверенной фразы образующие что-то вроде бинарного лингвистического оружия. Вместе с тщательно отработанной жестикуляцией эти команды действовали на подсознание так, что за несколько минут общения Ботвинику подчинялась воля любого носителя традиционной российской культуры.

Про «криптоспик» было известно мало. Считалось, что кроме эксплуатации традиционных культурных кодов он использует команды-мемы, выстроенные по принципам каббалы из буквенно-цифровых комбинаций, замаскированных под обыденную речь. Эта система психического воздействия оказалась ошеломляюще эффективной — настолько, что была засекречена и взята на вооружение главными технологами режима, многие из которых считали Ботвиника своим гуру.

Самой закрытой технологией криптоспика считалось «боевое НЛП» — но все, связанное с этой темой, было спрятано настолько тщательно, что автор статьи даже отдаленно не брался гадать о смысле этого выражения. Ботвиник был здесь первопроходцем — владение криптоспиком в сочетании с боевым НЛП считалось одной из главных причин его сокрушительного успеха в бизнесе. Другой причиной было то, что Ботвиник якобы имел чин полковника ФСБ (автор статьи выражал сомнение в достоверности этого слуха, зато был уверен, что Ботвиник держит чекистский общак, которым управляет через подконтрольную структуру в лондонском Сити).

«Непрофессионалу может показаться странным, что полониевый скандал и кавказский конфликт мало повлияли на все эти обстоятельства, — писал журнал, — на деле же финансовая интеграция элит является одним из тех скрытых балансиров, которые не дают миру скатиться в окончательный хаос: никакая ПРО не защитит от ржавой ядерной бомбы лучше, чем принятый порядок вещей».

Последние годы Ботвиник жил большей частью в Лондоне (видимо, у Интерпола не осталось претензий по поводу Жан-Клода Ван Дамма), но часто бывал и в Москве.

Статья была интересной, но слишком заумной: некоторые фразы казались Лене полной бессмыслицей, хотя состояли из понятных слов. Например, такое вот: «В современной России место идеологий заняли технологии, а это значит, что Ботвиник, стоявший у истока нового поколения техник нейролингвистического контроля, может быть с полным правом назван не только главным технологом всех идеологов, но и главным идеологом всех технологов...» Лена перечитала это место три раза, но все равно не поняла, о чем речь.

— Боевое НЛП, — повторила она шепотом и поглядела на румяные щеки Ботвиника.

Ей пришло в голову, что Кима, возможно, права насчет разговора с фотографией — ведь древние люди не зря рисовали на стенах пещер добычу, которую надеялись встретить на охоте. Если бы тогда выходили глянцевые журналы, то кроманьонцы, скорей всего, не мазюкали бы головешками по камню, а просто вырезали оттуда фотографии бизонов и мамонтов и тыкали в них копьями во время своих магических ритуалов... Так что вполне можно было попробовать поколдовать на фотку — только незаметно, чтобы не засмеяли подруги.

«Эй, Миша Ботвиник, — позвала Лена про себя. — Слышишь меня? Ты ведь знаешь, какие сейчас бабы пошли? Конечно, знаешь. Так вот, я не такая. Правда, не такая... Я... Я такая, что ты даже представить себе не можешь. Я сделаю для тебя самое лучшее, что только одно существо может сделать другому. Самое-самое лучшее. Слышишь меня? Клянусь!»

Машина затормозила, журнал дернулся в ее руках, и ей показалось, что Ботвиник чуть подмигнул ей левым глазом. Тут она почувствовала себя глупо, перелистнула сразу полжурнала и попала на секцию низкобюджетных женихов.

Их было человек по десять на каждой странице, и они, если честно, не вдохновляли — фотографии были паспортного формата, а под ними мелким шрифтом были набраны странные рекомендации, вроде: «Рапидшер Вербицкий, математик года по версии журнала «GQ». Поглядев на Рапидшера, Лена тихонько вздохнула, закрыла журнал и побыстрее отложила его на пустое сиденье — чтобы не сбить установку.

* * *

Когда Лена смотрела немецкий фильм про последние дни Гитлера, ее больше всего поразило, до чего невзрачно выглядел вход в подземное убежище диктатора — даже непонятно было, стоило ли ради такого убожества пускаться на все эти хлопоты.

Оказалось, что дорога на ее новое рабочее место проходит через такое же неприметное бетонное строение, похожее не то на бокс автобусной остановки, не то на вход в общественный туалет. К тому же этот вход находился на территории военной части, за забором с колючей проволокой, и вокруг стояли вооруженные солдаты.

Лифт, в который они попали после проверки документов, тоже не показался ей слишком элегантным: это была простая железная клетка с рифленым полом — правда, очень вместительная. А когда они спустились вниз (ехать пришлось долго), у нее окончательно испортилось настроение.

Все здесь было совсем как в фильме про Гитлера: низкие бетонные коридоры с проводами на стенах, железные двери, вентили, люки, холодные лампы дневного света. Правда, воздух был чистым и даже отдавал какой-то лесной свежестью.

Девушек привели в гримерную с несколькими металлическими шкафчиками и душевой и велели ждать.

Через несколько минут в помещение вошли дядя Петя и майор, который собирал подписки о неразглашении. Майор был все в той же камуфляжной форме, а дядя Петя — в веселой маечке с надписью:

HUGO BOϟϟ

Лена сначала даже не поняла, в чем выверт, и только потом заметила нацистские руны.

— Это потому, — шепнула Кима, — что Хуго Босс разработал эсэсовскую форму.

— В самый раз для такого местечка, — прошептала Лена в ответ.

Майор рявкнул:

— Р-р-азговорчики!

Когда разговорчики стихли, дядя Петя сказал:

— Сегодня, девчат, просто ознакомительный день — клиентов не будет. Сейчас мы находимся в вашей гримерной. Здесь вы будете переодеваться. Потом по коридорчику, через металлодетектор будете проходить на рабочее место. Гримерная находится в технической зоне комплекса, здесь недалеко есть буфет, где вы всегда сможете подкрепиться. Теперь о специфике. Вы — кариатиды малахитового зала. Поэтому перед сменой будете натираться малахитовой мазью. Она совершенно безвредная — это такой тональный крем, разработанный специально для вас. И еще парики, вон они лежат. Парик можно надевать до инъекции, сзади оставлена специальная дырочка... Ну, чего ждем, маргаритки? Заголяемся и натираемся!

Лена уже давно приучила себя к мысли, что на пути к успеху ей придется часто раздеваться перед незнакомыми людьми. Поэтому процедура далась ей без труда. Правда, «малахитовая мазь» оказалась ужасной дрянью — по виду это было что-то вроде перламутрового шампуня зеленого цвета, который на коже превращался в тонкую блестящую пленку с узором, действительно похожим на полированный срез малахита.

— Натирайтесь тщательнее, — говорил дядя Петя. — Веки тоже, потому что стоять будете с закрытыми глазами.

— Кожа сквозь него дышит? — спросила Ася.

— Дышит, дышит, — ответил дядя Петя. — Ты, кстати, запомни — в следующий раз пелотка должна быть чисто выбрита.

Ася покраснела, но не сказала ничего.

Закончив натираться, Лена натянула на голову мочалистый парик, состоявший из зеленых дрэдов, собранных во что-то вроде прически фараона. Парик был большим и пышным, но очень легким и практически совсем не чувствовался на голове.

— А теперь на коленки, девчата, — сказал майор, и в его руке появился знакомый шприц-пистолет. — Поиграем в Катынь. Не бойтесь, хе-хе, это не больно.

Это действительно не было больно.

Инъекция оказалась похожа на прохладный фонтан, который вдруг включили у Лены в затылке на полную мощность (ей показалось, что она уже испытывала это ощущение раньше — то ли в детстве, то ли в каком-то сне). Фонтан ударил в мозг, омыл его холодной струей и унес все кипевшие там заботы и думы, которых Лена просто не замечала до тех пор, пока они не обнаружили себя своим исчезновением.

Это было странно. После укола ничего особенного не произошло. Просто стало понятно, что перед этим она пребывала в крайнем волнении, даже какой-то суетливой испуганной панике, у которой не было другой причины, кроме той, что это было ее обычное состояние. А как только эта внутренняя суета прошла и наступило спокойствие, кончилась и нервная трясучка тела, которой Лена тоже раньше не замечала. Все стало спокойно и очень просто.

Посмотрев на себя в зеркало, она оторопела.

Из блестящего прямоугольника на нее смотрела каменная баба. Это были первые слова, которые пришли ей в голову.

Конечно, никакого сходства с обветренными степными изваяниями не ощущалось — баба была из полированного малахита, а ее волосы казались высеченными из того же камня, только грубо. Живыми оставались только глаза. Лена попробовала прикрыть их и поглядела на себя сквозь ресницы. Теперь сходство со статуей стало полным.

Лена вытянула перед собой руку и поглядела на свои зеленые пальцы. Они были абсолютно незыблемы. Казалось, если тюкнуть по такому пальцу молотком, он отвалится, а остальные будут так же неподвижно вонзаться в воздух еще много тысяч лет.

* * *

«Малахитовый зал» оказался большой квадратной комнатой, отделанной малахитом и украшенной фресками на духовные темы. Дядя Петя объяснил, что это вольное подражание одному из залов Эрмитажа, где находилась когда-то приемная императрицы.

В комнате не было никакой мебели, кроме огромного бубликоподобного дивана. В пустом центре этого бублика располагался выдвижной стол — круглая малахитовая плита на мощной телескопической ноге, уходящей в пол. Диван был затянут пестрым шелком; по нему было разбросано множество подушек разного цвета и формы, а на столе сверкали зелеными искрами хрусталь и стекло.

В каждом углу зала стояла малахитовая тумба-пьедестал. Наверху был упор для рук (кариатидам полагалось поддерживать потолок), высота которого регулировалась специальным механизмом, поэтому и маленькая Ася, и высокая Вера, залезая на свои тумбы, принимали одну и ту же позу — с поднятыми вверх руками, которые упирались в верхнюю малахитовую плиту под одинаковым углом. Локти при этом торчали вперед, открывая подмышки, и их надо было тщательно брить перед каждой сменой.

Стоять в такой позе целый день, не совершая никаких движений, не смог бы ни один нормальный человек — но после инъекции это было совсем просто. Тело казалось легкой стеклянной колбой, в которой горел невидимый огонек жизни. Лена знала, что внешний наблюдатель может заметить этот огонек только тогда, когда она открывает глаза. По инструкции это разрешалось делать только при разговоре с клиентом, но Лена уже поняла, что может незаметно следить за окружающим сквозь ресницы, и никто ничего не узнает.

Но следить было совершенно не за чем.

В первую рабочую смену в зал не пришло ни одного посетителя. Только из коридора за входом несколько раз долетели веселые пьяные голоса и смех. И еще один раз донесся запах кубинской сигары, напомнивший о дяде Пете.

За двое суток, проведенных на пьедестале, Лена успела изучить зал во всех подробностях.

На фресках были изображены длинноволосые левитирующие ангелы, одетые в одинаковые белые ризы с какими-то мистическими водяными знаками. Ангелы висели над кромкой облаков и словно прислушивались к чему-то тихому, взяв друг друга за руки. Религиозная тема, однако, вовсе не давила на сознание. Во-первых, ангелы были снисходительными — это делалось ясно по их улыбкам. Во-вторых, их глаза закрывали черные повязки. Такая же повязка на глазах была и у бородатого Бога-Отца, в животе которого размещалась неприметная дверь служебного входа, через которую Лена с подругами проходили на рабочее место. Бог-Отец воздевал руки, но со стороны казалось, что он по-свойски ими разводит, будто говоря: «Ребят, больше не просите, все, что мог, уже отдал».

Видимо, имелось в виду, что Бог — это все-таки не совсем то, что говорят простому человеку, и его не особо напрягают шалости элиты, которую он сам же и вознес на вершины могущества.

Было немного странно видеть облака в трехстах метрах под землей, но Лена понимала, что небо, где живут Бог и ангелы, — не физическое пространство: на этот счет, как известно, сильно прокололись еще Гагарин с Хрущевым.

Круглый стол каждые несколько часов с тихим жужжанием уходил под пол, и через минуту, заново накрытый, поднимался назад. На нем были крепкие напитки, вино, шампанское в ведерке со льдом, закуски и фрукты. И хоть за всю первую смену в комнату так никто и не вошел, стол съездил вниз-вверх восемь раз, и каждый раз закуски на нем менялись.

Лене казалось, что она простояла на тумбе совсем недолго. Она собиралась ёще многое обдумать, поскольку голова работала как-то по-особому легко и точно, но тут дверь в животе Бога-Отца открылась, и в зал вошли четыре зеленые женские фигуры. Это была новая смена — оказалось, двое суток уже прошли.

* * *

Перед следующей сменой Ася спросила:

— Ты его видела?

— Кого его? — не поняла Лена.

— Богомола.

Сначала Лена решила, что Ася говорит о фигуре молящегося ангела на входной двери — он находился как раз напротив служебной дверцы в Боге-Отце. И только потом вспомнила о насекомом, из которого делали «Мантис-Б».

— Нет, — ответила она. — Не видела. А где?

Ася пожала плечами.

— Не знаю. Внутри.

— Внутри себя?

— Наверно, — ответила Ася, посмотрев на нее загадочным взглядом. — А может, внутри богомола.

Лена подумала, что Ася валяет дурака.

Но в середине следующей смены случилось что-то крайне странное. Лене вдруг показалось, что ее руки не подняты вверх, а молитвенно сложены перед грудью.

Точнее, все было наоборот. Ощущение было таким, словно она очень долго, чуть ли не с самого начала времен, держала руки сложенными перед грудью, а потом ей померещилось, что они подняты вверх и уперты в каменную плиту. А затем она поняла, что то, что ей померещилось, и есть ее настоящее положение. Это было похоже на утреннее пробуждение, когда выясняется, что неубедительное развитие сна, только что казавшееся таким убогим и нелепым, и есть окончательная правда, и теперь придется вставать, одеваться и идти к людям за едой.

Лена решила, что задремала на рабочем месте — и испугалась, поскольку так можно было свалиться с тумбы. Но когда галлюцинация повторилась, она поняла — сон здесь ни при чем. Во второй раз она гораздо лучше отследила, что именно произошло.

Она находилась в двух местах одновременно. Одним местом был малахитовый зал. Другим — залитое ослепительным солнцем пространство, о котором трудно было сказать что-то определенное (оно дрожало, переливалось и походило на картинку калейдоскопа, растянутую на все триста шестьдесят градусов какой-то необычной оптикой). Впрочем, калейдоскоп по сравнению с тем, что видела Лена, показался бы скучным. Если окружающее и можно было с чем-то сравнить, то разве что с мультиками, которые рисует медиаплейер «Виндоуз», прокручивая файлы mp3. Но, несмотря на свою крайнюю необычность, это пространство сразу же пришлось Лене по душе, потому что волны разноцветных огней, все время возникавшие в нем, каким-то образом переживались как счастье, которое постоянно меняло цвет и форму — но не переставало быть счастьем и совсем не надоедало.

Было две Лены. Одна стояла на малахитовой тумбе в углу пустого подземного зала, упираясь руками в каменный блок над головой. А другая находилась в потоке живого солнечного света и держала ладони сложенными перед грудью. Это были необычные ладони — со множеством маленьких острых пальцев, торчащих под прямым углом, словно гвозди из доски. Острия пальцев приятно покалывали ладони и рождали чувство уверенности в себе.

Никакого противоречия между двумя Ленами не было. Но между ними имелась большая разница. Там, где Лена была человеком, она была фальшивой каменной бабой, которая несла долгую вахту в одном из вспомогательных помещений подземного дома толерантности. А там, где Лена была богомолом, она была... Вот там она была человеком. Во всяком случае, именно так хотелось сказать.

Выразить все переполнявшие ее мысли казалось так же невозможно, как объяснить, что именно рисует медиаплейер «Виндоуз». Ясно было одно — увидев этот солнечный странный мир, возвращаться в секстинскую капеллу (так

Кима обозвала малахитовый зал после первой вахты) было грустно. Даже с учетом огромного конкурса на место поющей кариатиды и совершенно нереальных денег, которые платили за работу.

За всеми этими переживаниями Лена не заметила, что за вторую смену в малахитовый зал тоже никто не вошел. В этот раз не было даже голосов в коридоре и сигарного дыма.

* * *

После смены девушки пошли перекусить в буфет для персонала, который располагался в конце идущего мимо раздевалки коридора. Буфет был единственным подземным помещением, куда они могли попасть по своим пропускам: у коридора было много других ответвлений, но их перекрывали турникеты, которые никак не реагировали на магнитную карточку со словами «малахитовый зал» (Лена сама не пробовала туда попасть и поверила на слово любознательной Киме).

Буфет выглядел празднично, но сама эта праздничность была какой-то мрачноватой — место напоминало военную столовую, которую решили переделать под дискотеку. Стены были украшены веселой анимешной графикой и текстовками, выдержанными в двух тонах — красном и синем. Красным были написаны различные жизненные афоризмы, а синим — определения красоты (это, наверно, было придумано, чтобы персонал не расслаблялся и постоянно сверял себя с высоким эталоном).

Красные плакаты выглядели так:

«ВЫСШИЙ СМЫСЛ РУССКОГО БЫТИЯ ЕСТЬ НЕСУЕТЛИВОЕ ЗОЛОЧЕНИЕ БЕЗМЕРНОГО ИКОНОСТАСА»

«В БУДУЩЕМ КАЖДАЯ УЛИТКА ПОПАДЕТ НА ВЕРШИНУ ФУДЗИ НА ПЯТНАДЦАТЬ СЕКУНД»

«СУВЕРЕННАЯ ДЕМОКРАТИЯ — ЭТО БУРЖУАЗНАЯ ЭЛЕКТОРАЛЬНАЯ ДЕМОКРАТИЯ НА ТОЙ СТАДИИ РАЗВИТИЯ, КОГДА ДЕМОКРАТИЯ ОНА ДЕМОКРАТИЯ, А ЕСЛИ НАДО, В Ж...ПУ ВЫ...БУТ ЛЕГКО»

Синие сентенции о красоте были большей частью цитатами из ньюсмейкеров прошлых лет:

«КРАСОТА СПАСЕТ МИР.
ФЕДОР ДОСТОЕВСКИЙ»

«КРАСОТА СОСЕТ Х...Й.
ЛАРРИ ФЛИНТ»

«КРАСОТА ЕСТЬ ТО НЕУЛОВИМОЕ
И ПОЧТИ НЕВЫРАЗИМОЕ В СЛОВАХ СВОЙСТВО,
КОТОРОЕ ПОЗВОЛЯЕТ ЖЕНЩИНЕ НЕМНОГО
ПОБЫТЬ СУКОЙ ПЕРЕД ТЕМ,
КАК ЕЕ ВЫВЕЗУТ НА ПОМОЙКУ.
КЕЙТ МОСС»

Увидев, что слово «хуй» написано через многоточие, Лена хотела спросить Киму, не контркультура ли это, но постеснялась.

Кима же высказала сомнение, что Ларри Флинт и Кейт Мосс действительно говорили подобное, но признала, что по существу возразить здесь нечего.

Еще в углу буфета висела стенгазета с какими-то подземными новостями и рисунками — она предсказуемо называлась «Ктулху с Медведом слушают нас!» и была украшена худым лиловым осьминожкой, который из-за нарисованных очков казался по-ленински лысым. Когда очередь проходила мимо, Лена попробовала почитать, о чем думает Ктулху. Мысли осьминожки оказались довольно мизантропическими, а иногда и вообще оскорбительными. Особенно покоробило Лену такое:

«Главное качество, которое развивает в себе к двадцати годам современная московская девушка, — это доверчивая готовность

к элитному сверхпотреблению (в современном русском ее принято называть «kusoostью»). Дураку понятно, что никто не допустит легионы этих кис к гламурному распределителю, им просто поморочат голову и бросят. Так, собственно, и было во все времена. Но сегодня морочить девушке голову нужно таким омерзительно пошлым способом, что награда, которая ждет за этот тяжкий и нечистый труд, както блекнет. Тем более что труд этот не только противоречит нравственному чувству христианина и порядочного человека, но и дорог до чрезвычайности, а реальная рыночная стоимость ожидаемой награды значительно ниже счета за первый же обед в хорошем ресторане. Что же касается духовной близости с какойнибудь из этих инфузорий-туфелек от Prada, то о ней мы просто не будем говорить в целях экономии места...»

Зато другая статья Ктулху разъясняла слово «электоральный» с суверенного плаката:

«Называть российскую публику «электоратом» — это примерно то же самое, что называть тюремных опущенцев «педерастами» («любителями мальчиков» по-гречески). Что

тут скажешь? Да, такая лексика широко распространена, освящена обычаем, и можно даже найти определенные фактические основания для подобного словоупотребления. Но все-таки в иную минуту сложно отделаться от чувства, что за звучным иностранным словцом прячется какая-то усмешливая лукавинка, чтобы не сказать — злая неправда...»

Лена сначала прочитала «электоральный» как «электро-оральный» и, только дочитав этот пассаж до конца, поняла, что имеется в виду совсем обратное.

«Вот ведь не просто людям что-то одно не нравится, — подумала она устало, — а они вообще всю нашу жизнь хают. Ехали бы тогда себе из страны...»

Действительно, стенгазета поражала своей откровенной критичностью к установленному порядку вещей — но ушлая Кима объяснила, что так сделано специально, с целью вызвать у посетителей буфета ощущение полного элитного доступа к чему угодно вообще.

— Карманный диссидент, — сказала она, — это типа как злой карлик с бубенцами. В гламурных кругах считается очень даже шикарно.

По какой-то причине никто из очереди

особо не задерживался у тайного рупора Ктулху, и Лена подумала, что Кима права.

В буфете было многолюдно. Преобладал народ в технической униформе, но присутствовали и коллеги: впереди стояло несколько пацанов-атлантов в узких набедренных повязках. Они, видимо, работали в каком-то классическом интерьере, потому что их рельефные мускулистые тела были натерты белой пудрой под мрамор. У одного пудра была стерта с ягодиц, а на ляжке остался отчетливый отпечаток ладони. Остальные поглядывали на него с ухмылками.

Вялый разговор, который девушки вели о том и о сем, постепенно стих. А потом Ася вдруг спросила:

— Все видели?

— Ты про что? — не поняла Лена.

— Про богомола.

Лена кивнула. Вера и Кима только переглянулись друг с другом, и стало ясно, что они тоже видели.

— Мне кажется, я молилась, — сказала Ася.

— Это потому, что руки так сложены? — спросила Лена.

— Не только. Просто само состояние молитвенное. Все мирские голоса внутри стихают, и остается только единение с высшим. Это и есть молитва. Меня так бабушка учила. Когда еще жива была.

— Я особого единения с высшим не заметила, — сказала Вера. — Спокойно было, это да. И легко.

— Это и есть единение, — сказала Ася.

Вера усмехнулась.

— Высшее, низшее, кто их разберет. Лучше скажите, трубу под ногами все видели?

— Это не труба, — сказала Ася. — Это, по-моему, ветка, на которой он сидит. У меня от нее голова болит, потому что она одновременно и впереди и сзади, и при этом все время прямо перед тобой.

— У богомола так расставлены глаза, — сказала Кима. — Он видит все вокруг. Поэтому ветка действительно и впереди, и сзади.

— А что это за богомол? — спросила Вера. — Где он?

Кима подумала немного и сказала:

— Это архетипический богомол. Всеобщий и универсальный. Папа и мама всех богомолов, которые были, есть и будут. Он пребывает в платоновском космосе.

— А что он там делает?

— Молится, — сказала Ася. — В этом я абсолютно уверена.

В буфет вошли три русалки, одну из которых Лена видела перед «Рэдисон-Славянской» — она узнала ее по родинке на щеке. Русалки были со снятыми хвостами, в коротких чешуйчатых маечках, поблескивающих из-под купальных халатов, а на головах у них были спортивные шапочки для плавания. Лена некоторое время изучала их со смешанным чувством зависти (все три были дивно красивые) и превосходства (мокрая работа, себе бы такую Лена точно не пожелала). Русалки тоже поглядывали на кариатид. Вскоре играть в гляделки надоело, и девушки вернулись к прерванному разговору.

— Может, дяде Пете все расскажем? — предложила Лена.

— Ни в коем случае, — ответила Вера. — Начнутся проверки, всякие комиссии... Будут побочные эффекты искать, а зал закроют. Тебе что, деньги получать надоело?

— Я вот чего не понимаю, — сказала Лена. — Мы его видим. А он нас видит или нет?

На это никто не знал ответа.

В буфет прибывало пополнение. За русалками в очередь встали два золотоволосых мальчугана с игрушечными луками, которых привел с собой косматый мужчина с силиконовыми грудями под покрывалом из пурпурного виссона. У него на шее был отчетливо виден обширный лиловый засос. Вера смерила новых посетителей косым взглядом.

— Все уже при делах, — сказала она, — только мы вот... Заневестились.

Кима хихикнула.

— Я у девок из прошлой смены спрашивала — у вас был кто-нибудь или нет? Они сначала говорят — мол, иди на фиг, подписку давали. А потом Надька рассказала, у них три каких-то мужика были, по виду чиновники. Зашли на пять минут. Девки прикинули возраст и запели «Another brick in the wall». А те на них даже не посмотрели — выпили водки, закусили грибочками и ушли.

— А девки тоже богомола видели?

— По-моему, да, — сказала Кима. — Только говорить не хотят... Лен, ты не зевай, тарелки бери, и к кассе, а то русалки налезут.

* * *

В следующую смену Лена получила ответ на свой вопрос: она убедилась, что богомол тоже ее видит.

Контакт произошел на четвертой поляне с начала вахты («поляной» девушки называли интервал времени между сменами сервировки на круглом столе). Лена в это время рассеянно глядела сквозь ресницы на одного из настенных ангелов (складки его хламиды наводили на мысль об эрекции, чего с бесполыми существами по идее не должно было происходить даже в таком месте).

Все началось как в прошлый раз: Лене померещилось, что ее руки сложены перед грудью. А затем перед ней возникла странная треугольная голова, напоминающая инопланетянина из комикса. По краям головы сидели два больших фасетчатых глаза, а между ними были три глаза поменьше. И все эти пять глаз глядели на Лену. Еще у богомола были серьезные челюсти. Но Лена не испугалась.

«???»

Богомол общался не словами, а как-то иначе, но Лена все понимала.

«Я здесь работаю, — ответила она. — Жду клиентов».

«????»

Лена поняла, что отвечать тоже можно не словами, а просто подняв какую-то заслонку в уме, чтобы содержащееся за ней выплеснулось наружу и стало доступно богомолу. Она так и сделала.

«———»

Богомол сделал то же самое — убрал преграду, которая отделяла его сознание от сознания Лены, и в Лену хлынуло нечто невообразимое.

Приблизительно это можно было описать вот как: если в прошлый раз Лене показалось, что мир вокруг стал похож на картинку из медиаплейера «Виндоуз», то теперь она стала такой картинкой сама, а мир распался на множество дискретных аспектов, которые казались безумными, поразительными, невозможными и страшными по отдельности, но вместе каким-то образом компенсировали друг друга до спокойного и счастливого равновесия, которое установилось в ее голове.

Равновесие наступило во всем. Например, Лена по-прежнему не знала, кто перед ней — какой-то отдельный богомол или дух всех богомолов. Но это не играло никакой роли, потому что если перед ней был дух, то он жил в каждом богомоле, а если перед ней был простой богомол, то через него говорил этот дух. Обе возможности были просто полюсами того, что происходило в действительности.

Точно так же было неясно, что произошло в момент, когда их сознания слились — стала ли она богомолом, или это богомол стал ею. Но это тоже не играло роли, потому что существу,

Иллюстрация Егора Лаптарева

Иллюстрация Егора Лаптарева

которое возникло между этими смысловыми противоположностями, было безразлично, кто кем стал.

Богомол не задавался такими вопросами. Он вообще не думал словами или образами. Он просто был. Был каплей в бесконечной реке, которая текла из одной необъятности в другую. Каждая капля этой реки была равна всей реке целиком, поэтому богомола ничего не заботило. Он знал про реку все — или, вернее, сама река жизни знала про себя все и текла через богомола, который, став Леной, позволил ей одним глазком взглянуть на это забытое человеком чудо.

Чудо тоже состояло из равновесия противоположностей. Можно было, например, сказать, что богомол знает все — поскольку пять его глаз видели даже начало мира и его конец (туда Лена боялась смотреть, это было слишком головокружительно). А можно было сказать, что он не знает ничего, и это тоже было чистой правдой, поскольку он действительно ничего не знал сам — в нем просто отражалась бесконечность, как весь мир отражается в капле воды. И Лена поняла, вернее вспомнила, что и она сама — точно такая же капля. Об этом, в сущности, можно было догадаться и без богомола, и когда-то в детстве (или даже еще раньше) она это знала сама — но теперь эта самоочевидная вещь забылась, потому что дневные маршруты взрослого ума проходили совсем в другой плоскости. А рядом с богомолом про это невозможно было не вспомнить.

Все эти переживания так захватили ее, что Лена перестала понимать, где она находится на самом деле.

Теперь она знала, почему у богомола пять глаз. Оказывается, маленькие глаза, расположенные на голове между антеннами, видели прошлое, настоящее и будущее — поэтому их было три. А два больших фасетчатых глаза по краям головы были просто придатками к тому глазу, который видел настоящее — они воспринимали его форму и цвет (у прошлого и будущего этих качеств не было — но их додумывал ум). Это было так просто и разумно устроено, что Лена даже удивилась, почему у человека все иначе.

Направленный в прошлое глаз богомола видел черную бездну небытия (она не была черной и не была бездной — но именно так отражалась в сознании). Направленный в настоящее глаз видел малахитовый зал с четырьмя зелеными кариатидами. А направленный в будущее глаз видел дядю Петю.

На нем была красная маечка, которой Лена раньше не видела — «DKNY», с расшифровкой «Divine Koran Nourishes You»[1].

* * *

Дядя Петя действительно пришел на собрание в майке с четырьмя буквами:

DKNY

Это доказывало, что в последнюю смену Лена и вправду видела будущее. Вот только будущее успело с тех пор несколько измениться: майка дяди Пети была не красной, а синей, и расшифровка под четырехбуквенником оказалась другой:

«Definitely Ktulhu, Not Yahweh»[2].

Зато красным было лицо дяди Пети.

Все стало ясно, когда он заговорил.

— Вчера, — сказал он голосом диктора, объявляющего о начале войны, — в одиннадцать сорок два вечера в нашем комплексе предотвращен теракт. Предотвращен в последний

[1] Божественный Коран поддерживает тебя (*англ.*).

[2] Определенно Ктулху, а не Яхве (*англ.*).

момент. Пыталась взорвать себя Симонюк Екатерина тысяча девятьсот девяностого года рождения, работавшая декоративно-эротическим элементом в синей бильярдной. Незадолго перед этим она делала пластическую операцию. Оказалось, что операция была пластическая в самом прямом смысле — вместо силикона гражданке Симонюк установили в груди модифицированный желеобразный пластит пакистанского производства. Детонировать взрывчатку она собиралась с помощью замаскированного под помаду взрывателя. Покушение на теракт произошло, когда на бильярде играли два клиента категории «А». Если бы ее не застрелила охрана...

Дядя Петя зажмурился и провел рукой по лысому черепу. Лена заметила, что, хоть его голова по-прежнему казалась натертой пеплом сигары, белого в этом пепле было больше, чем темного: у него за последнее время прибавилось седых волос.

— В синей бильярдной, — продолжал дядя Петя уже более спокойным тоном, — бильярд стоит на шести минетных ножках. Таких, ну типа как сфинксы с лебедиными крыльями, довольно сложный макияж. Одной из этих ножек и была Симонюк Екатерина. Перед терактом она пыталась прокричать шахаду на арабском, на что, слава богу, и среагировал сотрудник службы безопасности, сразу открывший огонь на поражение. Он представлен к награде. Потенциальные жертвы теракта даже не успели понять, что происходит, они думали, девушка пытается привлечь к себе внимание... Мы ее контакты проверяем сейчас, отрабатываем чеченский след — есть информация, что это смертница из батальона «Риядус Салихийн». Хотя по национальности не чеченка. Как говорится, Шамиль умер, а дело его живет... Девчат, я понимаю, что вы тут ни при чем, но этот случай нам всем сильно аукнется. С вами теперь начнет заниматься идеолог. Не бойтесь, не такой, знаете, старпер советский. Нормальный, современный парень, который объяснит вам все по-человечески, чтоб метастазов в мозгу не было...

— У нас и так метастазов там нет, — сказала Вера. — Если от этих уколов, конечно, не начнутся.

Дядя Петя не удостоил реплику ответом.

— А теперь о наших делах, — сказал он. — Паршиво работаем, девчата. Да-да. В малахитовом зале три клиентозахода за все время. И ни одного в вашу смену. Будет так продолжаться, придется расстаться с малахитовой группой. Поставим зал на перепланировку. Сделаем комнату Маугли. Или уголок таджикской девочки для снафф-экстрима. Голоса такие среди акционеров уже раздаются. Это чтоб вы знали.

— Вы хотите сказать, нас уволят? — спросила Вера.

Дядя Петя сделал обиженное лицо.

— Ну а как ты думаешь, детка, — ответил он. — У нас главный национальный приоритет — конкурентоспособность. Утратил конкурентоспособность — с вещичками на выход. Бесплатно нас кормить никто не будет.

— А мы виноваты разве? — спросила Ася. — Мы все делаем как полагается. Мы готовы конкурировать. Это вы должны публику привлечь. Может, шире информировать, что вот есть такой малахитовый зал...

— Что значит — шире информировать? Информация не так распространяется, как вы думаете. Только через word of the mouth. Кто-то заглянул, ему понравилось, он другим сказал. К вам заглядывали люди? Заглядывали. А других не позвали.

— Наверное, их роспись отпугивает на религиозную тему, — сказала Лена. — Может, им стыдно в таком интерьере...

Дядя Петя махнул рукой.

— Не говори чушь, — ответил он. — Это же развитие темы Малахитового зала в Эрмитаже... Хотя вообще-то черт его знает, и такое может быть. Ну а что, по-твоему, нарисовать надо?

— А пригласите художника Кулика, — сказала Лена неожиданно для себя. — Пусть он что-нибудь придумает.

Кто такой Кулик, она знала главным образом от культурно продвинутой Кимы — и испугалась, что дядя Петя задаст какой-нибудь каверзный вопрос, который обнаружит ее невежество. Но дядя Петя просто сделал пометку в записной книжке.

— Тут не в рисунке дело, — вмешалась Ася. — Мимо нас проходят по коридору и не заглядывают даже, я видела. Может, они просто не знают, что мы живые? Мы же стоим совершенно неподвижно. И молчим.

— Вот это уже ближе, — сказал дядя Петя. — Молчите. А вы у нас какие кариатиды? Поющие. Почему тогда тишина? За вашу зарплату и спеть можно.

Девушки переглянулись.

— Что же нам, все время петь? — спросила Лена.

— Как что? — усмехнулся дядя Петя. — Песни, лапочка. Песни музыкальных композиторов.

* * *

По зрелом размышлении как раз песен в непрерывную программу решили не включать. Во-первых, это требовало слишком большой концентрации от исполнителей. Во-вторых, по мнению дяди Пети, тексты песен могли помешать отдыху клиентов, мобилизуя их внимание и разрушая комфорт. Решено было на первое время ограничиться, как выразилась Кима, «полифоническим муром» — и только по желанию клиента переходить к песенному репертуару.

В программу включили два варианта мура. Первым была тема из «Лебединого озера» — ее отрепетировали довольно быстро. Второй мур был сделан по песне «Мондо Бонго» из фильма «Мистер и Миссис Смит». Из слов, где некстати пелось про ЦРУ, оставили только «ла-ла-ла-ла-ла», которое сначала спадало легчайшим серпантином само на себя, а потом вообще проваливалось во что-то сладостно-бесстыдное. Получившуюся распевку можно было безостановочно мурлыкать на четыре голоса хоть все сорок восемь часов смены — это было красивое и экономичное решение, в смысле экономии сил.

На первой музыкальной вахте, когда отрабатывали «Мондо Бонго» (пели по двое, каждая пара по часу), посетителей снова не появилось. Но сейчас у этого была уважительная причина: в малахитовом зале работал художник Кулик, которому дядя Петя все-таки заказал новую роспись.

Самого Кулика, что самое интересное, никто так и не увидел — трудились его помощники, причем на удивление споро: всю работу закончили за один день.

Сначала ребята в красивых желтых комбинезонах закатали небо с ангелами ровным слоем кремового фона. Затем они включили диапроектор и обрисовали контуры спроецированного на стену изображения: получилась довольно грубая человеческая тень с непропорционально длинными ногами в обрамлении слов «гав!», «гав-гав!!» и «гав-гав-гав!!!», написанных самыми разными шрифтами — от веселого комиксного до мрачного готического. Эти разнокалиберные «гавы» покрыли всю стену, налезая друг на друга, а затем ребята в комбинезонах раскрасили их разными цветами, сверяясь с развернутыми на полу планшетами. Получилось красиво и интересно, похоже на какой-то яркий среднеазиатский орнамент — только, на взгляд Лены, все портила эта темная тень не то в шляпе, не то в фуражке. Было непонятно, что все это должно означать, пока художники не написали стихотворный эпиграф в верхнем углу стены и название композиции в нижнем. Эпиграф выглядел так:

> Ночь бездыханна. Псы вдали
> тишь рассекаютъ пестрымъ лаемъ.
> ———
> Мы входимъ — я и тень моя.
>
> *Севастополь, апрель*
> *1919*

Называлась композиция «Набоков в Крыму».

Дядя Петя с легким скептицизмом оглядел роспись и поинтересовался, в чем будет заключаться персональный вклад самого Кулика, если работа уже закончена. Старший ассистент, похожий на Гермеса молодой человек с заплетенной в косичку бородкой, снисходительно объяснил, что это только подготовительный этап, и теперь остается самое главное — согласовать, между какими двумя стенами можно протянуть цепь, на которую сядет мастер.

Услышав это, дядя Петя нахмурился.

— Зачем? — спросил он.

— Он будет перемещаться вдоль цепи на специальном шейном кольце, накинув на плечи собачью шкуру, и мастурбировать на сжимаемую в руке фигурку пластмассовой школьницы. А придя в сексуальное возбуждение, будет спонтанно кидаться на ваших клиентов. Как Калигула в «Жизни двенадцати цезарей».

— Какую шкуру? — оторопело спросил дядя Петя.

— Собачью, — повторил ассистент. — А хотите с подъебкой, пожалуйста, закажем медвежью. Или даже ностальгического черного лабрадора — если согласуете. На черного лабрадора у нас вообще-то отдельный грант, мы это потом будем делать во Франкфурте, но ведь у вас без огласки, правильно я понимаю? Так что можно. Выйдет незабываемо. Вы только представьте, а? Ваши гости будут жить с этой энергией всю жизнь...

Дядя Петя увел ассистента в коридор.

Поскольку цепь так и не стали крепить, Лена сделала вывод, что художественную концепцию удалось упростить.

За то время, пока художники работали и объяснялись с дядей Петей, Лена испытала несколько новых и очень необычных переживаний.

Как и раньше, она почувствовала, что держит руки сложенными перед грудью. Но теперь к этому добавилось еще одно фантомное ощущение — ей померещилось, что у нее есть вторая пара ног, на которую опирается ее длинное-предлинное тело. Лена знала, что это галлюцинация, поскольку вторая пара ног должна была находиться далеко за стеной, чего не могло быть по законам физики. Вот только ощущение казалось гораздо реальнее всех этих законов.

Богомол ненадолго появился в одном из перерывов, когда художники вышли покурить и Лене не надо было петь. Как и в прошлый раз, между ними произошел бессловесный и практически мгновенный обмен информацией.

Лена объяснила, что то, что она делает ртом, — это музыка, полезная работа, за которую ее кормят другие люди, поскольку это красиво. Богомол дал понять, что у богомолов совсем другая музыка — одна нота, которая звучит не меняясь много миллионов лет. Лена выразила любопытство, как это одна нота может быть музыкой, если она не меняется. И не надо, чтобы меняласъ, оттранслировал богомол — вся красота как раз в том, что она будет такой всегда, что бы ни случилось. Лена захотела услышать эту вечную ноту, но богомол дал понять, что она и так ее слышит, просто не обращает внимания. Тогда Лена поинтересовалась, нельзя ли им говорить между собой словами, и богомол ответил чем-то средним между «посмотрим» и «в другой раз».

Весь этот диалог занял не больше секунды.

А затем, словно почувствовав, чего на самом деле хочет Лена, богомол опять раскрыл для нее свой удивительный, ясный и никогда не меняющийся ум. Говорить после этого было ни к чему, и Лена завороженно глядела в переливающуюся перламутровую вечность до самого конца смены.

После работы она всегда чувствовала себя разбитой. Особенно тяжело давалась дорога в Москву — именно в это время «Мантис-Б» окончательно прекращал действовать. У Лены каждый раз начиналась депрессия — таким неуютным местом казался человеческий мир, в который приходилось возвращаться. Помогала «Контркультура», которую она привыкла читать на обратном пути, свернувшись у окна микроавтобуса в полный страдания комок (сидевшая рядом Ася предпочитала православный глянец — журнал «Похоть Очес» или бизнес-уикли «Гордость Житейская», которыми всегда запасался шофер).

Читая, Лена как бы ввинчивалась назад в реальность, которая била по заблудившемуся сознанию хлесткими и диковатыми розгами строк:

«Победа на «Евровидении» не будет последней! Страна учится играть по мировым правилам и делает все более серьезные инвестиции в культурную экспансию. По сообщениям информационных агентств, в России идут работы по созданию пидараса пятого поколения на базе глубокой модернизации Бориса Маросеева с применением нанотехнологий. Эксперты утверждают, что отечественная разработка существенно превзойдет по всем параметрам ближайший западный аналог — Элтона Джона. В этой связи обозреватели отмечают, что некоторые технологии пятого поколения (например, полный трансплантат волосяного покрова) пока недоступны отечественным специалистам, но они уверены, что смогут скомпенсировать отставание по этим показателям за счет форсажных инъекций ботокса».

Прийти в себя особенно помогало то обстоятельство, что для понимания некоторых сообщений приходилось не на шутку напрягать интеллект:

«Людвиг Витгенштейн утверждал в «Логико-философском трактате», что открыл общую форму описания предложений любого языка. По его мнению, эта универсальная формула вмещает в себя все возможные знаковые конструкции — подобно тому, как бесконечное пространство вселенной вмещает в себя все возможные космические объекты.

То, что имеется общая форма предложения, — пишет Витгенштейн, — доказывается тем, что не может быть ни одного предложения, чью форму нельзя было бы предвидеть (т. е. сконструировать). Общая форма предложения такова: «дело обстоит так-то и так-то» («Es verhält sich so und so»).

Однако доцент Иркутского педагогического института филолог Александр Сиринд сумел опровергнуть знаменитую формулу, приведя недавно пример предложения, которое выходит за пределы начертанной австрийским философом всеохватывающей парадигмы. Оно звучит так: «Иди на хуй, Витгенштейн».

— Ошибка австрияка в том, что он забыл старика Шопенгауэра, — говорит ученый, — а ведь мир есть не только представление, но и воля!»

Практически все попадавшиеся Лене сообщения пронизывала спокойная гордость за успехи страны. Ею теперь дышало все — даже прогнозы погоды и аннотации книг, и мир за окошком автобуса делался от этого чуть уютней:

«В своей автобиографической дилогии «Черная Земля» и «Низвержение в Бруклин» московский корреспондент журнала «Time» Эндрю Шмайер исследует происходящий в сознании россиян культурно-психологический сдвиг, в результате которого низкооплачиваемый западный журналист (бывший в прежние времена предметом девичьих грез и всемогущей фигурой с атрибутами божества) постепенно теряет привлекательность как возможный сексуальный партнер и превращается в глазах компрадорской московской элиты в банального фуршетного паразита, общение с которым изнуряет душу, не принося абсолютно никакой пользы».

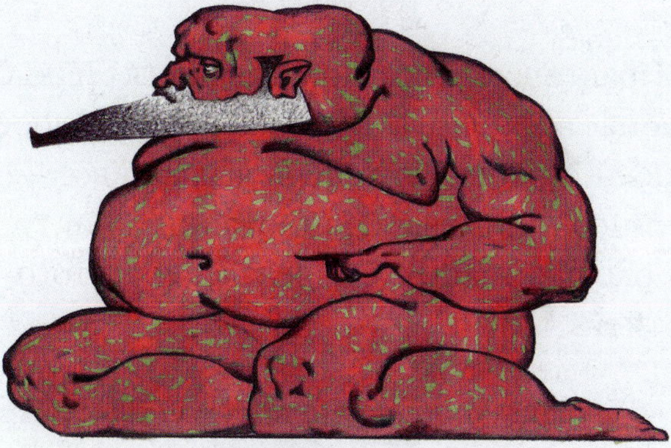

Иллюстрация Егора Лаптарева

Иллюстрация Егора Лаптарева

Но окончательно приводила в себя реклама, бившая, как всегда, на узнавание уже созданного ею образа:

«Раздолье». Помоюсь, — и в горы! ™».

Однако даже такой относительно плавный механизм возвращения защищал не до конца: за несколько подобных путешествий Лена успела понять, что человеческая реальность состоит не из времени и пространства, а из неизвестно чьих шепотов, бормотаний, выкриков и голосов. Некоторые из них походили на родительские, некоторые — на голоса друзей, а произносимые ими слова дымились каким-то тягостным и смутным, но совершенно неизбежным смыслом (например, голос, похожий на Кимин, повторял раз за разом странную фразу: «глянцевая аналитика романтической щетины, которой контркультурные герои щекочут системе яйца Фаберже»). Лена даже хотела спросить у Кимы, чем они щекочут — романтической щетиной или глянцевой аналитикой — но поняла, что вопрос прозвучит странно.

Когда богомол уходил, эти голоса начинали кликушествовать в сознании, притягивали к себе внимание, перекидывали его друг другу по эстафете и вскоре достигали такой частоты и густоты, что накладывались друг на друга, уплотнялись и превращались в подобие таза, которым кто-то накрывал ее голову.

После этого она видела уже не мир, как он есть на самом деле (там жил богомол), а только внутреннюю поверхность этого таза — человеческое измерение. Она знала, что с подругами происходит то же самое. Это было ясно по их лицам.

Дома Лена запиралась у себя в комнате, дожидаясь, когда пройдут четверо человеческих суток и снова можно будет уехать из Москвы, чтобы немного побыть богомолом. За это она готова была петь и мур из «Мондо Бонго», и микс из Чайковского, и гимн СССР на английском языке (таким оказался последний заказ дяди Пети), и вообще делать что угодно.

В мире богомолов было хорошо. Там не было вообще никакого мрака — если, конечно, не считать необходимости возвращаться на «Профсоюзную» в микроавтобусе с надписью «Семиотические знаки». А в мире людей все было... Не то чтобы так уж совсем невыносимо. Просто... Лена не могла подобрать нужных слов, пока на эту тему однажды не высказалась Ася.

— Какое-то управляемое сновидение с Надеждой Правдиной, — сказала она. — Учимся видеть во сне говно, потому что это к деньгам.

— Если вспомнить, что жизнь есть сон, — отозвалась Кима со своего места у окна микроавтобуса, — получим формулу современной цивилизации и культуры.

Так обстояли дела.

* * *

Дядя Петя организовал обещанную встречу с идеологом в виде пикника на берегу канала, с кострами и шашлыком. На лекцию привезли много народу — три автобуса ребят и девчонок. Лица были большей частью незнакомые. Лена узнала виденных в буфете пацанов-атлантов, кариатиду Варю из третьей смены, одну русалку и еще косматого мужика с силиконовой грудью. Теперь на нем было не пурпурное покрывало, а бесформенная толстовка. Он был заметно пьян и постоянно прикладывался к плоской фляжке, которую вынимал из кармана.

Лена немного поговорила с Варей, которую видела до этого только на вводном занятии в «Славянской». У Вари был большой синяк под глазом, густо замазанный тональным кремом.

Оказалось, два дня назад в малахитовом зале был корпоратив, совмещенный с днем рождения. Гуляла целая компания — какие-то, как смутно и некорректно определила их Варя, «венчурные жидосиловики». Они приволокли с собой несколько ящиков французского шампанского и десяток собственных ос.

— Представляешь, — пожаловалась она, — мужики шампанскими пробками по нам стреляли. И ладно бы сами, они еще блядюшек своих подначивали, а те хохочут и в лицо, в лицо норовят, с двух метров прямо. А ты при этом пой «happy birthday to you». Таньке нос разбили, а мне чуть глаз не вышибли. Поймать бы этих сучек, убила бы на месте...

— Допели? — спросила Лена сочувственно.

— Допели, — ответила Варя и выразительно поглядела на мужика с силиконовыми грудями, который прислушивался к их разговору. — А что делать. Чего этот сисястый мудак подслушивает?

Лена хотела поговорить еще, но Варя сказала, что ей надо дочитать взятую с собой книгу, на которую стоят в очереди девчонки из смены. Книга была на английском и называлась «Singing in awkward positions, the all-inclusive manual by Eros Blandini». Эрос Бландини, как объяснила Вера, был карликом-кастратом, который работал озвучкой магического аттракциона «Поющая голова». Всю свою долгую жизнь он пел из тумбочек, ящиков и темных углов, лежа, сидя и даже стоя на голове.

— А зачем ты это читаешь? — спросила Лена.

— Ты чего, — сказала Варя, — тут же все технические приемы. Есть такое правило — если хочешь остаться в бизнесе, даже просто удержаться там, где находишься, — надо постоянно расти. Потому что другие тоже все время стараются вырасти и выпихнуть тебя на обочину.

Лена испытала укол какого-то странного чувства — не то зависти, не то ревности, не то страха. Она не сказала ничего, только записала название книги и решила сказать про нее Киме, которая знала английский.

Идеолог сильно опоздал.

Он приехал затемно, когда шашлыки были уже съедены, а костры успели догореть (их пришлось разводить по новой). Это был мужик лет сорока, с приятным правильным лицом вроде тех, какие рисовали на советских плакатах. Всех удивило, что он был в полной форме солдата Второй мировой — в каске и плащ-палатке, — но идеолог объяснил, что был на репетиции другого мероприятия и не успел переодеться. Он перешел к делу без промедления.

— У вас был взрыв, — сказал он, снимая каску. — Ну или почти был, это то же самое. Теперь важнее всего проникнуть в психологию несостоявшегося террориста и понять — почему Симонюк Екатерина хотела устроить для нас эту трагедию? У нее ведь, кажется, не было причин для ненависти. На этой работе она получала в месяц больше, чем ее родители вместе за год. Почему же она попыталась так поступить? Ну-ка подумайте на эту тему минутку или две.

Пока все думали, идеолог снял плащ-палатку и остался в солдатской гимнастерке навыпуск.

— А теперь я скажу, что думаю по этому поводу сам. Как все знают, Симонюк Екатерина пыталась прокричать перед смертью шахаду, и органы отрабатывают сейчас версию о батальоне «Риядус Салихийн». Но чеченский след здесь все равно вторичен. И я вам объясню почему...

Идеолог несколько раз взъерошил волосы, словно стараясь наэлектризовать голову. Похоже, это получилось — он нахмурился и быстро заговорил:

— Шахада — это арабская формула, произнеся которую человек заявляет о своем принятии ислама. Чтобы понять, почему москвичка родом с Украины приняла эту религию, мы должны задаться вопросом — что такое сегодняшний ислам? Это, по словам его главных политических теоретиков, религия угнетенных. Да-да, друзья, именно так — угнетенных. Вопрос заключается в том, почему Симонюк Екатерина с ее космической зарплатой чувствовала себя в нашем городе угнетенным лузером? Ведь она могла позволить себе куда больше, чем ее друзья, ее родители из Харькова и тем более родители ее родителей. Так почему же эта девчонка записалась в батальон черных вдов? Вот где зарыта реальная собака. Кто-нибудь понимает причину?

Мужик с грудями что-то буркнул, и все уставились на него. Но он ничего не сказал.

— Тогда на этот вопрос постараюсь ответить я. Вы все, ребята, знакомы с учением о Невидимой Руке Рынка, которая ставит все на свои места, перенаправляя людей и ресурсы туда, где есть платежеспособный спрос. Кажется, так сегодня и устроена наша с вами жизнь. Но учение о Невидимой Руке исходит из предположения, что человек — рациональное существо и всегда принимает решения, основанные на понимании своей выгоды. Первопроходцы девяностых, которые, пусть с ошибками и издержками, заложили фундамент нашего нынешнего процветания, придерживались именно таких взглядов на человеческую природу. Но оказалось, что все гораздо сложнее. Человек устроен не так, как казалось экономистам. Им движут не только рациональные, но и иррациональные факторы. Кто-нибудь из вас слышал о так называемой «ультимативной экономической игре»?

Таких на поляне перед костром не нашлось.

— Это известный в экономике опыт по изучению мотиваций человеческого выбора. Суть проста. Вам с партнером по игре дают на двоих некоторую сумму денег. Ваш партнер на свое усмотрение решает, как поделить деньги между вами. А вы можете утвердить его решение или отвергнуть его. Если вы соглашаетесь, каждый получает столько, сколько решил партнер. Если не соглашаетесь, никто не получает ничего вообще. Поняли?

— Поняли, — раздались голоса из темноты, над которой летели оранжевые искры.

— Вот теперь начинается самое интересное. Идеальный homo economicus, как его рисует теория, должен утвердить любое решение партнера по игре. Ведь даже если ему дают один процент, он получает деньги просто так. А если он отвергает решение партнера, он в полном пролете. Однако исследования показывают, что большинство людей предпочитает остаться ни с чем, если им предлагают меньше тридцати процентов общей суммы. Это иррационально. Но именно так функционирует человеческий мозг.

— Я бы и пятнадцать взял, — раздался чей-то голос.

— А я бы взял сколько дадут, — сказал другой голос, — а потом вернулся бы ночью и всех убил.

— Спасибо за эти мнения, — ответил идеолог. — Но дослушайте, пожалуйста, до конца. На самом деле все еще сложнее. Один закрытый экономический институт в Москве провел специальные исследования по ультимативной игре, во время которых было сделано важное дополнение к стандартной схеме опыта. Игроку, который должен был утвердить или отвергнуть решение о разделе денежной суммы, вместо живого партнера по игре показывали его фотографию, а затем сообщали, как он поделил деньги. Так вот, когда игрокам демонстрировали фотографии...

Идеолог нахмурился, словно вдруг вспомнил что-то неприятное.

— Имен называть не будем, — продолжал он, — верхние позиции в списке «Форбс» знаете сами. Так вот, в этом случае происходила значительная девиация от стандартного порога «7—3». С этими людьми наши сограждане почему-то соглашались делиться только поровну.

— Как Шариков, — сказал заискивающий бас из темноты, — взять и все поделить.

— Не уверен, что это хороший пример, — отозвался идеолог. — Давайте не будем сейчас обсуждать, почему у нас наблюдается это сползание к порогу «5—5». Причин много. Их надо искать в нашей непростой истории и культуре, в общинной психологии, в национальных особенностях. Важно помнить, что такие установки в нашем сознании есть, и их учатся использовать наши враги. Именно поэтому они и промывают нам мозги, без конца ротируя в массмедиа фотографии разных Абрамовичей и Прохоровых, описывая их прихоти и кутежи. Расчет здесь прост — вызвать в обывателе то самое чувство, которое заставляет игрока в ультимативную игру терять все, поддаваясь яростному желанию восстановить справедливость. Но если в лабораторном эксперименте такое решение остается просто статистикой, то в реальной жизни оно может стать трагедией.

Идеолог замолчал, как бы давая всем ощутить вес его слов. Над поляной наступила тишина.

— Тяжело ли участвовать в ультимативной игре и сохранять рациональность? Конечно, тяжело. Но именно поэтому, ребята, вы и должны считать себя бойцами, да-да, бойцами психологического фронта. Совсем недавно одна из ваших соратниц, Симонюк Екатерина, сыграла с судьбой в ультимативную игру по-своему. И потеряла все, включая молодую свою жизнь. Я уверен, что, если бы она сейчас сидела с нами у костра, ее, как и всех нас, посетила бы мысль о том, насколько важно сохранять ум холодным и трезвым. Всем нам — я говорю «нам», потому что это и моя проблема тоже — надо научиться перешагивать через иррациональный бессознательный импульс, жертвой которого стала Симонюк Екатерина. Не завидуй. Сегодня в «Бентли», а завтра в ментли, хе-хе...

— Наоборот, — крикнул от костра веселый молодой голос, — сегодня в ментли, а завтра в «Бентли»!

— Бывает и так, — дружелюбно согласился идеолог. — Ну и что? Да, так устроена жизнь. Видеть все это и выстоять — это, если хотите, и есть наш православный джихад. В подлинном, духовном смысле этого слова...

Он откашлялся, словно застеснявшись таких высоких и пафосных слов, и продолжал уже самым обычным бытовым тоном:

— В общем, надо помнить главное, ребята. В современном мире есть мощные силы, которые стремятся использовать нашу естественную человеческую иррациональность в своих целях. И часто им это удается. Именно так, я уверен, и произошло в случае Симонюк Екатерины. Эта трагедия показывает, как эффективен медийный удар, наносимый по нашему сознанию из Лондона и Нью-Йорка. Не считайте, что вы умнее и выше. Не думайте, что промывание мозгов на вас не подействует, простой поролон семнадцать ноль два. Промывание мозгов действует даже на меня. Единственное, что мы можем сделать, — это научиться брать эмоции под контроль. Помните главное: в эпоху политических технологий наши самые естественные и спонтанные чувства рано или поздно оказываются мобилизованными в чужих корыстных целях — на это работают целые штабы профессиональных негодяев. Идет необъявленная война, и каждый раз, когда в вашей груди зарождается такое вроде бы праведное возмущение эксцессами наших митрофанушек, лондонские олигархи с хохотом потирают свои потные руки...

«Во как выгнул, — с уважением подумала Лена, — просто какая-то лента Мебиуса. Мне б такое даже в голову не пришло. Умный».

Почему-то лекция оказала контрпродуктивное действие на сидевшего рядом с Леной мужика с силиконовыми грудями: в нем разгорелось то самое пламя, которое, по идее, должно было угаснуть. Допив неизвестную жидкость из фляжки, он стал бормотать, постепенно повышая голос:

— Придумали, блять... Один с документами работал, другой с цифрами, третий тоже с чем-то таким будет работать. И у всех, блять, крепкое рукопожатие. А мы как сосали хуй под землей, так и будем...

— А у вас что, уже клиенты есть? — спросила Лена.

Мужик поднял на нее глаза.

— Есть клиенты, — ответил он. — А у тебя нет?

Лена ничего не сказала.

— Ты сама откуда? — спросил мужик.

— Из малахитового зала, — сказала Лена с гордостью.

— Чего там делаешь?

— Мы там поем. В окрашенном виде.

— В малахитовом зале, — забормотал мужик, который, похоже, был уже невменяем, — вся Россия наш зал... Они будут шампанское пить, а мы им петь в окрашенном виде. И не просто петь, мы еще будем бороться за право им петь. Конкурировать друг с другом... Архитекторы, блять. А с чего начиналось, а? Социальной справедливости мало было. Политбюро, блять, дачу себе большую построило...

Идеолог, напряженно вслушивавшийся в голос народа, попробовал оседлать волну.

— Вот-вот! — сказал он, подняв палец. — А сейчас, блять, свободы им мало. Ведь все то же самое происходит, с точностью до микрона. Разводят по той же программе. И кинуть хотят по той же схеме.

— Уйди, га-ад, — заныл мужик. — Уйди, гни-и-ида...

Идеолог обиделся.

— Может, — сказал он, — тогда вы сами продолжите? А то мы с вами вроде как вдвоем выступаем.

Но мужик уже потерял интерес к внешней реальности — он начал безудержно икать, и его на всякий случай уволокли подальше от костра.

После лекции Лена хотела подойти к идеологу, но костер, возле которого он стоял, окружило слишком много народу. На лице идеолога играли древние красные тени, и от этого его ответы казались особенно вескими.

— Ребят, ну подумайте сами, кому тут нужен этот Каспаров? Это как если бы мы заслали в Нью-Йорк якута в майке с надписью «Brooklyn, wake up!»

— Он же чемпион мира, — неуверенно сказал кто-то из темноты.

— А что такое шахматный чемпион? — обернулся на голос идеолог. — Это ведь не узник совести или там социальный мыслитель. Это примерно как человек с очень большим членом. Который, кстати, уже много лет как не стоит, если турнирные таблицы посмотреть. Может, Лимонову это дело по старой памяти и интересно, а нам-то че? Не, ребят, эпоха политических пигмеев, работающих на пиндостан, прошла навсегда. Усе. Пускай, если хотят, споют на прощанье...

Лена поняла, что слова про очень большой член, вызвавшие у собрания всплеск энтузиазма, были не домашней заготовкой, а естественно пришедшей в голову ассоциацией: договаривая и прощаясь, идеолог на ходу переодевался в нечто весьма странное. Вместо гимнастерки он натянул узкий резиновый балахон без рукавов, кончающийся капюшоном с пипочкой. В капюшоне было прорезано маленькое отверстие для лица, а сам балахон был расцвечен под триколор.

Идеолога уже ждал черный «Лексус». Пропихнувшись в его заднюю часть неизящным, но полным энергии рывком всего тела, он выкрикнул в окно последнее «пока!» и уехал куда-то в ночь, роняя из окна длинные искры с сигареты, вставленной ему в рот шофером.

— Его в министерство взяли, — пояснила Варя. — Нашли койко-место. А всю остальную шоблу сливают. Они теперь к прощальной акции готовятся, молодежный протест «Нет духовному СПИДу». Пятьдесят тысяч гандонов на Ленинском проспекте.

Потом Варя рассказала на ухо, что Катя Симонюк погибла совсем не так, как говорило начальство. Вроде бы на самом деле она никого не собиралась взрывать, а просто нахамила важным хачам, игравшим в синей бильярдной.

— Взяла и выдала им из-под стола открытым текстом — мол, понаехало тут всякого зверья. Езжайте, говорит, к себе в аул, пускай вам там белая ослица минет делает. Ну те и повелись — кому такое приятно, за свои бабки, да еще на кокаине. Ткнули кием, попали в глаз. Случайно получилось, убивать ее никто не хотел. А про пластит и шахаду пиарщики придумали. У нас их до хрена в штате, а работы нет — проект-то секретный. Вот они и стараются. Но лекция все равно интересная была, правда?

* * *

Посетители вошли в зал поющих кариатид в самом конце последней поляны, когда Лена с подругами устало домуркивали тему из «Лебединого озера».

Их было четверо — низкий толстяк в махровом халате, два охранника в дорогих двубортных костюмах и дядя Петя в маечке с надписью:

D&G
discourse and glamour

По тому, как униженно дядя Петя суетился вокруг толстяка, Лена поняла, что это кто-то очень важный. И только потом поняла, кто именно.

Это было невероятно.

Внизу стоял Михаил Ботвиник. Точь-в-точь как на фотографии, с которой она беседовала в микроавтобусе — с тем же румянцем во все лицо и таким же пробором в жидковатых черных волосах.

Лена чуть не упала с тумбы. Выходило, Кима сказала правду. Конечно, теоретически Ботвиник мог зайти сюда и сам по себе — но Лена знала, что теперь ее не убедит в этом никакая сила.

Ботвиник задрал подбородок вверх характерным движением, которое она уже видела как-то по телевизору.

— Что они поют? — спросил он.

— Чайковский, — ответил дядя Петя. — Ужасно красивая музыка, мы ее долго выбирали. Словно про какую-то удивительную древнюю тайну, да?

— Ага, — сказал Ботвиник. — Знаешь, про какую? Он с собственным кучером жил, Чайковский. Кучер мужем был, а Чайковский женой. Он этого кучера даже в Италию с собой возил.

Вот и вся древняя тайна, шестьсот восемнадцать, сундуки мои сундуки.

— Думаете, об этом и музыка? — испуганно спросил дядя Петя.

— Конечно, — ответил Ботвиник. — Бытие определяет сознание. «Та-ти-та-ти та-та...» Это у него так в груди замирало, когда ему кучер засовывал...

Лена увидела, как стоящая напротив Кима оторвала руку от малахитовой плиты и показала ей два пальца. Это был условный знак. Она повторила тот же жест, чтобы его заметила Ася, которая не видела Киму. Прошло несколько секунд, и все четверо синхронно замурлыкали «Мондо Бонго».

— Ух ты, — поразился Ботвиник, — как это они?

— Учли критику, — улыбнулся дядя Петя. — И перешли на другую музыкальную композицию. Под нее, если хотите, можно протанцевать с любой из девушек.

— Что я, пидор, что ли, мудями трясти, — сказал Ботвиник и кивнул на Лену. — Это она мне двумя пальцами тычет?

— Нет, — ответил дядя Петя. — Они смену музыки согласовывают.

— Как это?

— Ну-ка, Лен, — подмигнул дядя Петя, — давайте назад на Чайковского...

Лена подала знак Киме, та пересемафорила его Вере, которая не видела Лену, и девушки слаженно перешли на «Лебединое озеро».

— Ничего, — засмеялся Ботвиник. — Надо будет ребят привести.

Втянув живот, он потуже затянул пояс халата и подмигнул Лене.

— Не скучай, зеленая. Я к тебе обязательно зайду. Сейчас устал просто, после русофобок. То есть, извиняюсь, русалок.

С этими словами он вынул из кармана своего халата желтый пластиковый ромб и бросил на пол. Дядя Петя поднял бровь, но ничего не сказал и пошел вслед за Ботвиником и его охраной к выходу. Через минуту он вернулся в одиночестве, подобрал желтый ромб, поцеловал его и сказал:

— Девчат, жетон из нашего казино. На двадцать пять тысяч. Каждой по пять тысяч баксов и мне за комиссию. Поняли, где служим?

Когда дядя Петя ушел, Лене явился богомол. Он спросил:

«?????»

— Это деньги, — объяснила Лена. — На вашей стадии развития такого еще нет.

«?????»

— А это олигарх Ботвиник, — ответила Лена. — У него их очень много.

«!!!!!»

Лена почувствовала, что богомол считает Ботвиника угрозой. Чтобы понять, в чем дело, ей снова пришлось открыть дверцу в своем сознании, и странные переживания богомола заполнили ее ум.

В этот раз она узнала много нового.

Оказалось, что в самом конце жизни богомол начинал летать (это было устроено природой для того, чтобы сделать его старость интересной). Во время полета на него иногда бросалась из темноты жуткая черная тень, стараясь проглотить его. В этом не было ничего страшного, даже наоборот — по какой-то причине, которой Лена пока не понимала, такая гибель казалась благом. Но правила жизни были таковы, что богомолу приходилось бороться за существование и уворачиваться от летучих мышей, хаотично меняя направление полета. Поэтому в его теле была пустая полость — подобие резонатора, особое ухо тьмы. Оно служило для того, чтобы издалека замечать приближение опасности. И сейчас это ухо ощутило угрозу.

Лена наконец все поняла.

— Глупый, — сказала она. — Это не настоящая летучая мышь. Это просто татуировка у него на плече. Кстати, ты ведь не мог ее видеть — он был в халате. Откуда ты знаешь?

Из ответа Лена поняла, что богомол увидел татуировку на фотографии из журнала, которая отпечаталась у Лены в памяти. Но дело было не в татуировке, а в том, что ухо тьмы услышало тьму. Понять, что именно богомол имеет в виду и чего хочет, было очень сложно: его бессловесные переживания прошли сквозь сознание Лены как радужная рябь и исчезли.

— Ты можешь говорить словами? — спросила Лена с досадой.

— Могу, — неожиданно сказал богомол человеческим голосом. — Только это будут твои слова, а не мои. И смысл этих слов тоже будет не мой, а твой. Но если хочешь, я буду говорить твоими словами и смыслами.

У богомола оказался уверенный и одновременно доверительный баритон, позаимствованный у радиодиктора, которого Лена часто слышала в FM-диапазоне. Лена догадалась, что этот голос богомол тоже нашел в ее памяти.

Только поговорить в этот раз все равно не удалось — кончилась смена.

* * *

В следующий раз Ботвиник, как и обещал, привел ребят. Кроме него их было трое. На всех были белые махровые халаты, и, судя по распаренным щекам и мокрым волосам, они только что посетили какие-то водные процедуры. С собой они принесли карты и бумагу для записей.

Один визитер произвел на Лену довольно серьезное впечатление. Во-первых, из-под его халата торчали не голые ноги, как у остальных, а генеральские брюки с широким красным лампасом. Но дело было даже не в лампасах. Он чем-то напоминал майора в пятнистом камуфляже, который делал уколы перед сменой — но не просто походил на него лицом, а как бы воплощал предельное развитие такого человеческого типа (если бы пятьдесят майоров, голодных и свирепых, заперли в темном подвале, через неделю открыли дверь и выпустили единственного оставшегося в живых, а потом еще двадцать лет растили его до генерала, возможно, получилось бы что-то похожее). Но, как ни странно, это жутковатое лицо казалось рядом с румяной рожицей Ботвиника по-детски беззащитным.

Остальные двое выглядели уныло — один был бородатым крепышом, похожим на инженера из сектантов, а другой почему-то все время поворачивался к Лене согнутой спиной, и она его толком не разглядела. Оба вели себя заискивающе и были, судя по всему, какой-то подчиненной мелюзгой.

Если Ботвиник и помнил про Лену, он никак этого не показал.

Убрав со стола закуски и напитки, гости расселись на круглом диване и стали играть в преферанс. Вскоре один из них попросил «отключить музон», и до конца смены Лена с подругами наслаждались забытым бездельем и тишиной, которую нарушали только голоса игроков.

Лена прислушалась к разговору. Он шел о чем-то странном.

Постепенно она стала понимать, что гости обсуждают то самое боевое НЛП, которое было полной загадкой для автора «Женихов России».

— Седьмую форму отрабатываю, — сообщил генерал. — Сначала подстройка и ведение, затем разрыв шаблона, потом опущение и присоединение, да?

— Правильно, — согласился Ботвиник.

— А вот ты говорил прошлый раз, Миш, что в седьмой обязательно полный разрыв шаблона. Что значит «полный»?

— Бывает еще частичный, товарищ генерал.

— А какая разница?

— Если теоретически объяснять, долго и сложно. Лучше на конкретных примерах. Полный разрыв — это, например, «соси хуй ебаной матери». А частичный — это «соси хуй пожилого зайца». Но при этом, обратите внимание, «соси хуй отставного сурка» — это опять полный разрыв шаблона. Понимаете?

— Чего ж тут непонятного, — недобро ухмыльнулся генерал. — Ты, Миш, лучше вот что скажи — обязательно сперва опущение, а потом присоединение? Или можно наоборот?

— Как ляжет, — сказал Ботвиник. — Вы, товарищ генерал, не зацикливайтесь на теории. Боевое НЛП — это практика. Главное, на груше все время пробуйте. Нащупывайте точки.

Генерал повернулся к бородатому крепышу.

— Слышь, старый Перун! Потренируемся?

— Я не старый Перун, товарищ генерал, — ответил тот угрюмо. — Моя фамилия Громов.

— Хуемов. Ты перед тем, как старших поправлять, из-за щеки вынь, чмо пернатое. Еще раз клюв разинешь, я тебя так по залупе размажу, одно кукареку останется, и то за шкафом хуй найдут, гандон звериный. Ты у кого ваще в мозгах хуй полощешь, маркетолог ебаный? У меня знаешь сколько таких на хую умерло?

— Обидные слова, товарищ генерал, — отозвался бородач, равнодушно перебирая карты. — Жестокие и несправедливые. Какой же я маркетолог? Я эксперт.

— Ну как? — повернулся генерал к Ботвинику.

— Да на троечку. Подстройка нормальная, а дальше съезжаете.

Генерал нахмурился.

— Погоди, Миш, — сказал он. — Я чего-то и сам понимать перестал. Я шаблон ему порвал или нет?

— Конечно нет, — ответил Ботвиник. — Не успели. Вы ему не шаблон рвете, а инфликтируете негативный double bind.

— Дабл байнд? — удивился генерал. — Это когда две противоречивых установки? А где?

— Вы ему говорите — вынь из-за щеки. А теперь подумайте за него. Если он из-за щеки вынет, вы же сами его из эскортного сообщества через пять минут и попросите. Вот у него внутренний конфликт и пошел. Ему теперь не до шаблона.

— И как вырулить?

Ботвиник чуть подумал.

— Снять угрозу. Вернуть надежду. Допустим, вместо «кукареку» дать «тихое кукареку для журнала «Эскорт». Только надо следить, чтобы хуй за шкафом отставал от пакета с кукареку минимум на восемьсот миллисекунд. Чтобы префронтальный кортекс успел отработать. Поэтому говорите не слишком быстро. Тогда проходим.

Генерал задумчиво почесал подбородок.

— А вот когда находят хуй за шкафом, — продолжал Ботвиник уже другим тоном, теплым и чуть заискивающим, — это очень грамотно и тонко, товарищ генерал. Даже, я бы сказал, талантливо, елки сраные. Потому что тут мы имеем полный разрыв шаблона на подсознательном плане.

— Почему на подсознательном? — снова нахмурясь, спросил генерал.

— Как почему. Ну подумайте сами, откуда за шкафом хуй? Только из подсознания. Клиент еще ничего понять не успел, а там уже брешь, как в борту «Титаника». А вы в эту брешь сразу два новых хуя прокидываете для закрепления, чтобы он уже никуда и никогда не съехал. Я б и сам так не придумал. Чувствуется стратег. Все-таки силовая башня есть силовая башня.

Генерал благосклонно прокашлялся.

— Ты что, каждый раз так глубоко анализируешь?

— Я уже не анализирую, — ответил Ботвиник. — Все на интуиции. Постепенно вырабатывается такой типа фарватер максимальной эффективности, по которому плывешь не думая. Приходит с опытом.

— Надо бы схему записать, — сказал генерал.

Ботвиник махнул картами.

— Про схемы вообще забудьте! Когда будете на поражение применять, они не помогут. Что такое боевое НЛП? Это спонтанность и сенсорная очевидность. Чтоб, как говорил мой сэнсэй, горелыми перьями пахло. Я тоже когда-то от головы шел — мол, шаблон порву, и вся недолга. А это, извините, интеллигентщина. Идти от сердца надо. И не шаблон рвать, а очко. Метод работает, когда применяешь его постоянно и неосознанно, как дышишь...

Эти филологические изыски были слишком запутанны, и вскоре Лена перестала следить за разговором. А потом она опять увидела богомола.

Как обычно, сперва ей показалось, что ее

руки сложены перед грудью. Затем в воздухе возникла треугольная голова. Теперь она была ближе, чем раньше, и Лена заметила желтоватые блики, мерцающие в центральных глазах богомола. Ей наконец стало понятно, что ей все время напоминали эти три глаза — они были расположены как круглые лезвия на отцовской электробритве.

— Что это там такое желтое? — спросила она. — Светится?

— Это истина, — ответил богомол тем же радиоголосом, которым он начал говорить в прошлый раз. — Если у тебя есть вопросы, можешь задать, и все увидишь.

Лена задумалась. Серьезных вопросов о жизни у нее не осталось — все было давно понятно. В голову приходили только риторические.

— Почему у нас все так устроено? — спросила она.

В глазах богомола тут же появился ответ.

Он был странным — круговорот бликов и цветных пятен сложился в подобие короткой мультипликации с очень ясным смыслом. Этот смысл не был прямо связан с картинкой, но все равно каким-то образом доходил до сознания.

Лена увидела нечто похожее на окровавленную косточку от вишни. Эта косточка постепенно обросла мякотью, затем кожицей, а потом покрылась длинными белыми пушинками. На концах пушинок стали появляться хрустальные снежинки удивительной красоты — но к этому моменту непонятный плод, на котором они выросли, успел полностью сгнить, и снежинки с печальным звоном осыпались в темноту.

— Ты понимаешь смысл? — спросил богомол.

— Понимаю, — ответила Лена. — Все новое и хорошее у нас обязательно начинается с какого-нибудь мерзкого преступления. И когда новое и хорошее дает свои плоды, мерзкое преступление тоже дает свои плоды, и в результате все смешивается и гибнет. Это что-то невероятно древнее, грустное и неизбежное — здесь всегда так было и будет. А что случится со снежинками?

Богомол показал, и Лене пришлось сделать несколько глубоких вдохов, чтобы прийти в себя.

— А можно не туда? — спросила она жалобно. — Можно куда-нибудь в другое место?

Цветные блики в глазах богомола погасли.

— Куда ты хочешь? — спросил он.

— Помнишь, ты в самом начале показывал, — ответила Лена. — Там... Как это сказать-то... Такая текущая неподвижность, видно сразу во все стороны, во всем такой покой, и ничего уже не боишься.

— Ты говоришь про мир богомолов, — сказал богомол. — Ты уверена, что хочешь туда?

— Еще бы, — прошептала Лена.

— Чтобы стать богомолом, надо сдать экзамен. Тогда ты сможешь сколько угодно рождаться и умирать в нашем мире.

— Какой экзамен?

— Тебе придется выйти за границы человеческой этики, — ответил богомол.

— Подумаешь, — сказала Лена, — нам не привыкать. Что надо-то?

— В другой раз, — сказал богомол и исчез.

Смена постепенно шла к концу.

Засидевшиеся преферансисты громко матерились каждый раз, когда стол с картами и разграфленным для пульки листом уходил под пол, а потом поднимался, заново накрытый фруктовым великолепием. Даже груша-Громов показал, что тоже владеет боевым НЛП — встав на четвереньки у дыры в полу, он громко кричал туда:

— Пидарасы! Не трогайте карты! Я убью, бля, если еще раз карты смешаете!

Но Ботвиник в этот раз так и не посмотрел на Лену.

* * *

Майор в пятнистой форме стоял в углу раздевалки и перематывал ленту с ампулами, делая вид, что считает их по второму разу. Лена давно подозревала, что он специально приходит в раздевалку за полчаса до укола, чтобы глядеть, как она и другие девчонки переодеваются.

Шприц-пистолет торчал из-за пояса его камуфляжных штанов, и Лена поймала себя на крайне неприятной ассоциации по этому поводу. Если бы не дядя Петя, который тоже зачем-то пришел на развод, она потребовала бы помыть шприц-пистолет с мылом, но при начальстве начинать склоку не хотелось.

Дядя Петя был в отличном настроении — он курил сигару, роняя пепел на черную майку с надписью:

Glavnoe Upravlenie CCI

— Девчат, — сказал он, когда майор зарядил шприц-пистолет, — объявление. У Лены сегодня личный эксклюзивный клиент, Михаил Ботвиник.

Лена ждала этих слов, но неожиданно для себя занервничала и бросила банку с малахитовой мазью на лавку.

— Вроде только улетел к себе в Лондон, — продолжал дядя Петя, — и вдруг решил вернуться. Значит, хорошо пела, Лен. Ну или молчала, не знаю. Звонил — будет через два часа.

— Я не пойду, — сказала Лена и заплакала.

Дядя Петя даже не стал делать вид, что принял это всерьез.

— Ты че, Лен, — сказал он лениво, — одурела на всю голову? Ты за один удар на полквартиры заработаешь. И дяде Пете на четверть сотки. Кончай кокетничать. Все хорошо в меру.

— Правда, Лен, — сказала Вера, надевая на голову зеленый абажур парика, — я считаю, ты прыгать от радости должна до потолка. А ты чего-то хандришь. Я б тебе за такого клиента глаза выцарапала. Честно.

Но Лена уже пришла в себя.

— Ладно, — сказала она. — Петь не надо?

— Тебе нет, — ответил дядя Петя. — А девчатам еще как. Вера, за музыку сегодня ты отвечаешь. Давайте не мур этот, а что-нибудь лирическое. Ну или сами решите. Успокоилась?

Вопрос был к Лене.

— Успокоилась, — ответила Лена. — А можно мне сегодня два укола? Для верности?

— Для верности кому? — спросил дядя Петя и хихикнул.

Лена пожала плечами и сделала холодное лицо.

Дядя Петя посмотрел на майора.

— Я за каждую ампулу расписываюсь, — сказал майор. — Число, дата. Хотите, под свою подпись.

— Подпишу, о чем разговор, — согласился дядя Петя. — Видишь, девушка нервничает. Вдруг Михаил Семенович попросит встать богомолом, а она не сможет. Чтоб не оплошать, хе-хе...

Если первый укол всегда напоминал Лене включившийся в затылке прохладный фонтан, второй оказался похож на порыв арктического ветра, который мгновенно превратил всю воду в фонтане в маленькие кристаллики льда. Лена сразу же поняла, что у нее есть вторая пара ног и ухо тьмы. Ощущение было очень отчетливым, и ей потребовалось сосредоточить всю волю, чтобы убедить себя в том, что это обычная после укола соматическая галлюцинация.

— Девчат, — сказала она, пряча вторую пару

ног за первой, — вы только не смотрите, когда Ботвиник придет. Ладно?

— Хорошо, — ответила за всех Ася и ободряюще улыбнулась.

Богомол появился перед Леной вскоре после того, как она залезла на тумбу и взялась руками за верхний малахитовый блок. В этот раз его голова была видна гораздо отчетливей, чем обычно, и Лена даже заметила маленькие щербинки на антеннах, которые торчали из области центральных глаз. Зато реальный мир — малахитовый зал и стоящие на тумбах подруги — теперь казался расплывчатым и приблизительным.

Богомол сразу перешел к делу, словно прошлый разговор и не прерывался.

— Чтобы стать одной из нас, — сказал он, — ты должна будешь сделать вот это...

И три его центральных глаза показали Лене мультфильм с жутким, но несомненным содержанием, в то время как два больших фасетчатых глаза внимательно следили за ее реакцией.

Лена была готова к чему угодно, но не к этому.

Теперь она поняла, что богомол имел в виду, когда говорил о выходе за границы человеческой этики. Он, оказывается, ничуть не преувеличивал.

— Никогда, — сказала Лена.

— Я не заставляю, — ответил богомол.

— Нет, — в ужасе повторила Лена. — Этого сделать я не смогу никогда.

— В мире богомолов такие законы.

— Ты хоть понимаешь, что ты сейчас предложил? — спросила Лена. — Ведь это зверство.

— Это не зверство, — ответил богомол веско. — Это насекомство. У нас так принято почти полмиллиарда лет. И не только у богомолов, кстати.

— А у кого еще?

Голова богомола приблизилась почти вплотную, и его большие фасетчатые глаза заглянули Лене глубоко в душу.

— Например, у pisaura mirabilis. У них во время любовного слияния самка поедает муху, пойманную для нее самцом. А у oecantus niveux самка высасывает соки из особой железы в теле самца. Самка cardiacephala myrmex ест отрыгиваемую самцом пищу прямо у него изо рта — из этого, кстати, через двести миллионов лет произошел ваш человеческий поцелуй, только люди, как всегда, убрали содержательную часть и оставили один пиар. У богомолов просто самый радикальный подход к проблеме...

— Откуда ты знаешь латинские слова? — спросила Лена.

— Это не я. Все это знаешь ты.

— Я никогда ничего подобного даже не слышала.

— Как-то раз ты случайно пробежала глазами статью на эту тему, — сказал богомол, — и твой мозг все запомнил. Ты просто не в курсе, что ты это знаешь. С богомолом такого никогда не может произойти.

Вдруг богомол исчез, словно его что-то спугнуло.

А в следующую секунду Лена увидела входящего в малахитовый зал Михаила Ботвиника.

* * *

С Ботвиником были два обычных телохранителя в двубортных костюмах и дядя Петя, который успел к этому времени переодеться в черную майку с надписью:

Adihit

Под ней был адидасовский треугольник, разбитый на полоски, только этих полосок было не три, а две, из-за чего треугольник походил на гитлеровские усы щеточкой.

Телохранители остались у дверей, а Ботвиник и дядя Петя вошли в зал. Ботвиник что-то доказывал дяде Пете, продолжая начатый за дверью разговор:

— ... поэтому и говорю, что роспись пидорская. Чистейший пидор. Он и в стихах про это писал. Я, правда, не помню точно, в молодости читал. Ну вот был у него, например, стих, где он сначала гречонка пялит, как лорд Байрон. А потом ножиком его чик... С таким сверхчеловеческим хохотом...

— Это где? — спросил дядя Петя.

— Ну как там, — Ботвиник наморщился, вспоминая. — «И тогда я смеюсь, и внезапно с пера мой любимый слетает Анапест...» Вообще-то пидор тут только Анапест, автору не предъявишь. Но по другим стишатам можно и предъявить. Его маленькие девочки не интересовали, он только вид делал. Чтоб люди не поняли, кто он на самом деле, пять-восемнадцать, вон галка полетела... У дворян ведь тоже своеобразный кодекс чести был.

— Не знаю, — сказал дядя Петя. — Если уж стихи, то я больше Есенина люблю.

— А его-то за что?

— За стиль, — ответил дядя Петя. — «Шардоне ты мое, шардоне...» Божественно.

Ботвиник перекрестился и сплюнул.

— Знаешь, как Оскар Уайльд говорил? Стиль — последнее убежище пидараса.

— Наверное, — робко согласился дядя Петя. — А что, лорд Байрон действительно греченков... греченят... того?

— А ты думал, — ответил Ботвиник. — И дневник вел. Ладно, я тебе не лектор из общества «Знание».

Он обвел взглядом комнату и увидел Лену.

— Привет, зеленая! — сказал он с улыбкой. — Вот, пришел, как обещал. У меня полчаса.

Дядя Петя из-за спины Ботвиника сделал страшные глаза и качнул подбородком вниз. Лена поняла, что ей следует спуститься с пьедестала. Она постаралась сделать это с максимальным изяществом. Спрыгнув на пол, она гимнастически спружинила и присела в вежливом, но полном достоинства реверансе.

— Ну ты скачешь, зеленая, — пробормотал Ботвиник.

— Я пойду тогда, — сказал дядя Петя, — вы тут сами разберетесь. Девчат, музыка!

Он пошел к дверям. Вера запела «Колеса любви», а Ася с Кимой замурлыкали, изображая инструментальное сопровождение, — это был давно отработанный номер, где Лена пела на второй голос. Сейчас она молчала, но и без нее получалось неплохо.

Ботвиник снял халат, оставшись в одних трусах — черных «боксерах», как и положено последнему русскому мачо. Лена увидела на его плече татуировку — знаменитую летучую мышь.

И тут богомол вернулся.

Ботвиник, конечно, ничего не заметил. Лена уже понимала, что может беседовать с богомолом у него на глазах, и Ботвиник об этом даже не узнает. Больше того, ее общение с богомолом шло на таких скоростях, что за время, которое потребовалось Ботвинику, чтобы подойти к ней и взять за руку, они успели обсудить довольно многое.

Сперва богомол приблизил к ней свою голову, и три его центральных глаза повторили мультфильм о том, что ей следует сделать.

Теперь это уже не казалось Лене таким страшным.

— А почему именно голову? — спросила она.

— Это общий закон мироздания, — ответил богомол. — Поедание самца всегда начинается с отрывания головы любым доступным методом. А то ты не знаешь, хе-хе, у вас же этому все женские журналы учат. И потом, с физиологической точки зрения это улучшает секс. Когда удаляются тормозные механизмы, амплитуда рефлекторно-спазматических движений становится максимальной. Например, если блокировать у лягушки высшие нервные центры, она самопроизвольно начнет совершать копулятивные фрикции. Негры до политкорректности тоже считались хорошими любовниками, потому что не так загружены тормозными программами, то есть они в хорошем смысле слова безголовые. Отрывание головы — это метафора, которая в мире богомолов воплощается через буквальную реализацию...

— Где ты только так говорить научился, — пробормотала Лена. — Откуда ты, например, знаешь слово «метафора»?

— Я ведь уже объяснял один раз, — ответил богомол. — Все эти слова знаешь ты, а я ими просто пользуюсь.

— Я половины того, что ты говоришь, даже не понимаю, — сказала Лена. — Это точно не из моей головы.

— У тебя есть компьютер? — спросил богомол.

— Есть, — сказала Лена.

— Как ты думаешь, ты узнаешь все картинки, которые на нем можно найти?

— Нет конечно.

— Вот и здесь тот же случай. Не отвлекайся. Решай быстрее.

Лена почувствовала, что действительно пора определяться: Ботвиник уже вел ее к дивану.

— Мне бы с девочками посоветоваться, — сказала она богомолу и поняла, что требует невозможного.

Но, как ни странно, невозможное оказалось возможным: все три подруги одновременно возникли в нижней части ее поля зрения — словно телевизионные сурдопереводчицы, переводящие сразу на три глухонемых языка. Вера пела про колеса любви, Кима изображала музыку, а Ася смотрела прямо на нее, перебирая губами только для вида.

— Ася, — позвала Лена, — можешь говорить?

Ася кивнула.

— Знаешь, что он от меня хочет? — спросила Лена. — Я имею в виду, не Ботвиник, а богомол?

Ася опять кивнула.

— Меня он тоже разводил, — сказала она. — С первой встречи.

— А почему ты ничего не говорила?

Ася виновато потупилась.

— Я думала, у меня одной такое безумие в голове. Стыдно было, потому что звучит уж очень дико. Но потом я домой пришла, открыла энциклопедию и прочла, что это правда. Самка богомола действительно съедает самца немедленно после... этого самого. Отрывает голову и съедает.

Лена повернулась к Вере.

— Я тоже сначала не знала, — сказала Вера. — А потом подняла информацию в интернете. Съедает, правда. Энтомологи еще шутят по этому поводу — ясно, почему богомол молится. Грехи замаливает.

Странным было то, что во время разговора с Леной Вера каким-то образом продолжала петь «Колеса любви». Возможно, вся беседа с подругами была просто галлюцинацией — но, как только Лена подумала об этом, девушки исчезли из ее поля зрения, и вопрос потерял актуальность.

Тем более что до дивана осталось всего три шага.

Богомол опять возник перед Леной:

— Ну?

— Я не знаю, — сказала Лена и заплакала.

Плакала она, правда, только в том измерении, где общалась с богомолом. Там, где она шла к дивану с Ботвиником, за это время прошла, может быть, доля секунды.

— Что тебя смущает? — спросил богомол. — Почему ты плачешь?

— Я ведь обещала сделать ему самое хорошее, что только бывает.

— Кому? — спросил богомол.

— Ботвинику на фотографии. Поэтому он ко мне и пришел. А тут — такая жестокость...

— Ты думаешь, это жестокость?

— А что же еще?

Богомол погрустнел. Лена почувствовала, что сейчас он уйдет навсегда, и в мире останутся только приближающийся диван и старая песня «Наутилуса».

— Подожди-ка, — сказала она. — Наверно, я действительно чего-то не понимаю. Может, ты объяснишь?

— Смотри мне в глаза, — сказал богомол.

Лена опять увидела короткий мультфильм.

Перед ней было нечто похожее на залитую солнцем лужайку — ослепительное, дрожащее и переливающееся пространство, искривленное (или, может быть, выпрямленное) фасетчатыми глазами насекомого. На этой лужайке сидели два богомола, но Лена понимала, что все это чистая условность: на самом деле впереди была уже знакомая ей бесконечная река жизни, которая текла через богомолов, через солнце в небе и через нее саму.

Эта река не опиралась ни на что. Она была совершенно свободна и ничем не скована. Она существовала сама по себе. И все же она каким-то образом зависела от богомолов и от Лены.

Лена вдруг ясно поняла, что все живое — цветы, насекомые, птицы, звери и даже люди — существует не для себя, не просто так, а с одной-единственной целью — чтобы у этой великой реки было русло. Все живое и было этим руслом. Но в то же время оно было и рекой, которая загадочным и невыразимым образом текла сама в себе, как не текут земные реки.

Лена увидела, как строится русло. Все произошло у нее на глазах: два богомола соединились друг с другом, чтобы дать начало новой жизни. А потом, когда таинство завершилось, один из них сделал другому самое лучшее, что мог — отпустил его на свободу, и та часть великой реки, которая раньше текла сквозь него, высвободилась и стала течь сама через себя, что и было высшим возможным счастьем, никаких сомнений на этот счет у Лены не осталось.

— Понимаю, — прошептала она. — Понимаю теперь. Выходит, это совсем не жестокость, а наоборот?

— Жестокость, — ответил богомол, — это удерживать здесь слишком долго. Быть живым означает рыть русло. А уйти — означает стать рекой, которая по нему течет.

— Но почему никто из людей про это не знает? — спросила Лена. — Надо вернуться и всем рассказать!

— Во-первых, — рассудительно ответил богомол, — тот, кто хочет знать, узнает и без тебя. А во-вторых, вовсе не надо рассказывать об этом всем подряд. Это плохой поступок. Глупый и смешной.

— Почему?

— Ну как ты не понимаешь. Потому что великая река и без тебя знает, что она такое. Но иногда она хочет немножко побыть проституткой, или кошкой, или геранью в вазе. Или даже заглянуть одним глазком в место вроде вашего города. И зачем ты будешь объяснять ей, что она такое на самом деле? Так ты испортишь ей все удовольствие от прогулки.

— Понимаю, — прошептала Лена. — Значит, богомолы просто помогают друг другу вернуться домой. Выходит, это и есть самое хорошее, что одно существо может сделать другому? Как раз то, что я обещала?

— Конечно, — проникновенно сказал богомол. — Именно поэтому наша любовь и увенчивается этим благородным жестом. Самка делает это для самца, потому что он выполнил свой долг и отныне свободен. Разумеется, и самец с радостью сделал бы для самки то же самое, но ей надо еще позаботиться о потомстве.

Это звучало убедительно.

— У меня не хватит сил, — сказала Лена.

— Хватит. Я помогу.

К этому моменту Лена с Ботвиником дошли наконец до дивана. Ботвиник усадил ее на мягкий шелк, и в тот же миг богомол, с которым говорила Лена, исчез. А вслед за этим Лена поняла, что сам Ботвиник стал богомолом.

Он был пепельного цвета, с узкой маленькой головой и невыразительными фасетчатыми глазами. Три его центральных глаза были мертвыми и походили на бляшки ссохшейся кожи. Зато у него было обширное брюшко, жирное и тугое, которое утягивало его назад и делало все его движения неловкими и смешными.

— Зеленая, ты странная какая-то, — сказал серый богомол. — Как будто ты не здесь, а где-то еще. Ты случайно не под кайфом?

— Нет, — ответила Лена. — Давай помолчим, Миша.

— Ну давай, — согласился серый богомол.

И они начали священный танец, зарождающий новую жизнь.

А как только он кончился, Лена поступила так, как велела ей древняя мудрость. Она сильно сжала голову Ботвиника своими шипастыми лапками и потянула ее прочь.

— Ты шшштоо, — зашипел глупый серый богомол и стал молотить ее своими слабыми ладошками. Но тело Лены покрывал мощный хитиновый панцирь, и она даже не чувствовала этих прикосновений. Голова серого богомола плохо отрывалась, потому что его шея была очень толстой, но Лена чувствовала в своих лапках стальную непреодолимую силу и знала — рано или поздно она доделает начатое.

Девки запели гимн СССР на английском языке в версии Поля Робсона (дядя Петя любил повторять, что в этом исполнении скрыто нечто безбрежно-оргиастическое, и лучшего фона для vip-интима не найти). До Лены долетели три испуганных голоса:

> Strong is our friendship tried by fire,
> Long may our crimson flag inspire...

Они пели точь-в-точь как Поль Робсон, по старой записи которого разучивался номер — сильно артикулируя «р» в «fire» и «inspire», как редко делают в английском. Почему-то именно это раскатистое «р» и помогло: Лена собралась с духом и резко крутанула голову серого богомола.

— Ы-ых, — прошептал серый богомол, центральная жила его существа поддалась, и он обмяк навсегда.

Лена увидела, как высвобождается та часть великой реки, которая была в нем заперта. Она оказалась струей темного дыма, похожей на автомобильный выхлоп — ее сразу же снесло куда-то вниз. Лена мысленно проследила за ней и ощутила мрачно-багровое клубящееся пространство, откуда доносились неумолимо грохочущие голоса: «Кого ты пидарасом назвал, сука? Кого ты на хуй послал?» Еще там были другие голоса, тихие, вкрадчиво-умные и совсем жуткие, говорившие что-то вроде: «Спирально с капустой, шестнадцать сорок два...» Лене стало неприятно, и она перестала следить за нисхождением дыма. Надо было спешить, и она стала как можно быстрее крутить голову серого богомола из стороны в сторону.

Голова Ботвиника еще не отделилась от тела, когда Лена поняла, что экзамен сдан: она снова увидела счастливую лужайку, залитую дрожащим и переливающимся солнечным светом. К ней спешили два больших богомола, которые должны были помочь ей с переездом. У них в лапках были специальные стрекочущие палочки, которыми они помогали ей скинуть человеческое тело навсегда, и, хоть это было немного больно, она знала, что вместе с телом навсегда пройдет и боль.

«Интересно, — думала она, — а что во мне? Неужели такое же серое и смрадное? Сейчас вот и узнаем... Нет, не такое. Вот оно. Оно яркое... Светлое... Чистое... Какая все-таки красота...»

Кормление крокодила Хуфу

Игорь замычал. Потом, еще во сне, забубнил какие-то непонятные многосложные слова, несколько раз дернул подбородком, словно вырывая свою челюсть у охамевшего зубного врача, — и только после этого проснулся. Некоторое время он молча глядел в туман за окном машины. Затем сказал:

— Ну ни фига себе!

— Что такое? — спросил сидевший за рулем Алексей Иванович.

— Мне сейчас такое приснилось! Что мы вылетели на встречку, врезались в грузовик и все трое погибли. Мгновенно. Но сразу про это забыли и поехали дальше. И этот туман вокруг — во сне он, кстати, тоже был — это на самом деле не туман, а типа облака... Или я даже не знаю. В общем, уже другой мир. И, главное, я под конец понимаю уже, что это сон, но никак проснуться не могу, как будто меня что-то там держит...

— Типун тебе на язык, — резюмировал Алексей Иванович.

Игорь вытер рукавом выступившие на лбу капельки пота.

— В самом деле, — сказал он, — непонятно, откуда туман. Это же юг Франции. Такого тут быть не должно.

— Сейчас все в мире поменялось местами, — ответил Алексей Иванович. — Здесь туман, в Америке заморозки. Зато в магаданской области солнце жжет, как поцелуй Тины Канделаки.

— Кстати, — не выдержала сидевшая сзади Танюша, — насчет поцелуя Тины Канделаки. Будете ехать с такой скоростью в тумане, действительно можно чмокнуться.

Алексей Иванович вздохнул и снизил скорость.

— Просто хочется и рыбку съесть, и, так сказать, принять участие в культурной программе, — сказал он. — Престидижитатора вам показать и к футболу успеть вернуться.

— А почему вы так говорите — не фокусник, а престидижитатор? — спросил Игорь.

— Потому, что выговорить такое слово уже фокус, — ответил Алексей Иванович. — Вообще, интересный термин. Так во Франции называли специалистов по карточным чудесам.

Означает по-французски «ловкие пальцы». Да, Танюш?

— Примерно, — сказала Танюша. — Если перевести одним словом, будет «шустропальцовщик».

Алексей Иванович засмеялся.

— Шустропальцовщики остались на родине, — ответил он. — Пока мы в свободном, так сказать, мире, давайте из уважения к этому факту говорить «престидижитатор».

— Алексей Иванович, не гоните, — еще раз попросила Танюша. — Ведь туман. Вон, Игорю даже кошмар приснился. Вдруг корова на дорогу выйдет.

— Какая корова, — ответил Алексей Иванович. — Скорее, трансвестит из «Харе Кришна».

Но все-таки он поехал еще медленнее.

— А почему у вас такой интерес к фокусникам? — спросил Игорь.

— Судьба, — ответил Алексей Иванович. — Я ведь не всю жизнь олигархом работаю. В твоем возрасте трудился в одном экономическом институте. Слышали про невыносимую легкость бытия? Вот это она самая и была. Для того, чтобы ее пережить, советскому человеку необходимо было хобби. Кто-то решал кроссворды, кто-то собирал этикетки от спичечных коробков, а я вот изучал фокусы. И довольно неплохо в этом деле навострился. Если бы жизнь повернула иначе, мог бы сейчас стоять где-нибудь на Арбате и делать примерно то же, что этот престидижитатор.

— Про вас в газетах пишут, что вы то же самое и делаете, — пошутил Игорь.

Алексей Иванович улыбнулся и нажал на тормоза. Машина остановилась.

— Приехали, — сказал он. — Вот колокольня. От нее примерно двести метров, там он и стоит.

— Странно, — сказала Танюша, когда все вылезли из машины. — Фокусник в таком месте. Тут вроде и прохожих не видно. Может, позже появляются?

— Наверно, — сказал Алексей Иванович. — Приходят из городка. А он заранее место занимает. Пошли.

Через сотню метров Танюша сказала:

— А почему нельзя было на машине подъехать?

— У нас машина слишком вызывающая, — сказал Алексей Иванович. — А вопиющее классовое неравенство искажает отношения между людьми. Когда Гарун-аль-Рашид ходил по

Багдаду, он переодевался нищим и был поэтому в курсе всех событий. А если бы он ездил по нему в золотом паланкине, он так бы ничего в жизни и не увидел, кроме толстой жопы идущего впереди евнуха. И потом, ребят, ну когда еще так пройдешься в тумане? Ведь клево. Полная пространственная дезориентация.

— Пожалуй, — согласился Игорь.

— А мы точно туда идем? — спросила Танюша. — Я что-то никого не вижу.

Алексей Иванович вгляделся в пространство и сказал.

— Вон он. На том же самом месте. Игорь, ты у нас остроглазый — видишь красную шапочку?

— Красно-желтую, — поправил Игорь через несколько шагов. — Это не шапочка, а красная бескозырка с желтым помпоном. Типа моряк. Похоже, спит стоя. Как лошадь... Он только по-французски говорит?

— Он глухонемой, — ответил Алексей Иванович. — А кто по национальности, я не знаю.

— Как тогда с ним объясняться?

Алексей Иванович пожал плечами.

— Жестами.

— Ага, вот теперь вижу, — сказала Танюша. — Ну что... Не могу сказать, что с первого взгляда прожигает сердце лучом симпатии.

— Я этого и не обещал, — ответил Алексей Иванович. — За такими услугами обращайтесь к амуру с паяльной лампой... Теперь идем тихо. А то разбудим.

Фокусник и правда выбрал странное место — покрытый асфальтом пустырь, в самом центре которого торчал старинный фонарь, переживший не одну реконструкцию окружающего пространства.

Асфальт пустыря был размечен под автостоянку. Где-то рядом, судя по знакам на указателях, находились торговый центр, заправка и несколько ресторанов, так что в другое время здесь могло быть многолюдно. Но сейчас машин не было, и асфальтовая пустошь выглядела загадочно, даже жутковато — казалось, фокусник стоит у столба, вбитого в полюс, и вокруг на много сотен километров нет ничего живого.

Он действительно спал, прислонясь спиной к фонарю. Его лица не было видно: охватив себя руками, чтобы сохранить как можно больше тепла, он прятал подбородок в поднятом воротнике желто-красного мундирчика, похожего на парадную форму какой-то позорной армии, ни разу в истории так и не добравшейся до поля боя.

Рядом стоял большой ящик на велосипедных колесах, в котором фокусник возил свой реквизит. Ящик был синего цвета, в ярких золотых звездах. В него был встроен небольшой органчик — сбоку торчала до блеска отполированная ладонью кривая ручка, а обращенный к зрителям борт покрывали разнокалиберные трубки. Над органчиком поднималась похожая на антенну короткая штанга, кончающаяся круглым кольцом. Видимо, в кольце когда-то сидела птица, вытягивающая счастливые билетики.

— Попугай сдох, — констатировала Танюша.

Эти слова так точно уловили общее ощущение от увиденного, что все трое засмеялись.

Смех разбудил фокусника.

Увидев перед собой людей, он вздрогнул, поднял руки и натянул свой головной убор на лицо. Оказалось, это была не бескозырка, а свернутая эластичная шапочка, которая в развернутом виде превратилась в спецназовскую маску с дырками для глаз и рта — только крайне нелепую, потому что она была клюквенного цвета, а на затылке у нее болтался большой желтый помпон. Фокусник сделал это так быстро, что никто из подошедших не успел толком разглядеть его лица.

— Это, надо полагать, первый фокус, — сказала Танюша. — Зачем ему маска — он что, бандит?

— А вдруг нам не понравится представление, — отозвался Алексей Иванович. — Чтобы не было видно, как он краснеет.

Расправив на лице маску, фокусник схватился за ручку своего органчика и быстро завертел ее.

Послышалась хриплая музыка. Как ни странно, это была не вариация на тему собачьего вальса, которую обычно играют шарманки, а некий марш, торжественный и даже грозный. Настолько грозный и торжественный, что он звучал неуместно.

Возможно, фокусник пытался развеселить слушателей именно контрастом между несерьезностью своего инструмента и хмурым величием музыки, но этого ему не удалось. Наоборот, Алексей Иванович даже поежился — таким холодным вдруг показался утренний воздух. Его спутники почувствовали что-то схожее, и улыбки сошли с их лиц... Но фокусник, похоже, не догадывался о впечатлении, которое произвела его музыка — его рот и глаза в дырах маски приветливо улыбались.

Отпустив наконец ручку шарманки, он поклонился и поставил на свой синий в звездах ящик картонный стакан из-под попкорна, в котором звякнула пара монет. Стакан был таких огромных размеров, что это могло сойти за первую на сегодня удачную шутку.

— Какая вера в человеческую щедрость, — сказала Танюша. — Ну и ну.

Она повернулась к фокуснику и произнесла какую-то длинную французскую фразу, сопровождая слова энергичной жестикуляцией.

Если фокусник и понял смысл сказанного, он никак этого не показал. Он спрятал руку за спину, сделал там какое-то короткое движение — будто почесался — и протянул Танюше неизвестно откуда взявшийся букет бумажных цветов. Цветы были приятного голубого цвета, в тон ящику, но совсем простенькие, вырезанные из бумаги без особого искусства и даже старания. Танюша улыбнулась, но не взяла их.

— Как незабудки, — сказал Игорь.

— Ага, — согласился Алексей Иванович. — Их так называют, потому что они растут не за будкой, а где-то еще.

Танюша засмеялась — и смеялась, пожалуй, чуть дольше, чем было бы приятно Алексею Ивановичу.

Фокусник несколько раз тряхнул цветами, словно уговаривая ее взять букет, но она отрицательно помотала головой. Фокусник пожал плечами и швырнул букет в сторону.

— Он обидится, — сказал Игорь.

— Откуда я знаю, из чего он их делает, — ответила Танюша. — Может, он их пропитывает какой-нибудь ядовитой химией, чтобы они в рукаве помещались, или где он их там прячет.

Фокусник опять сунул руку за спину и протянул ей другой букет цветов, совсем маленький — в нем было несколько ромашек, какие-то бледно-фиолетовые крестики и пара мятых колокольчиков. Цветы были чуть подвядшими, но настоящими. Танюша снова отказалась взять их, и второй букет полетел вслед за первым.

Фокусник задумчиво почесал подбородок. Затем в его пальцах появился стеклянный шарик размером с монету. Он подбросил его на ладони, чтобы зрители убедились, что ничего, кроме шарика, в ней нет, сжал кулак, разжал — и на ладони оказалось два шарика. Он снова сжал их в кулаке, покрутил его перед лицом, дунул на него, разжал, и на его ладони стало уже три шарика.

Игорь несколько раз хлопнул в ладоши.

— Как это он? — прошептала Танюша.

— Пальмирует, — ответил Алексей Иванович.

— Что значит «пальмирует»?

— Вот это и есть шустропальцовка. У него с самого начала все три шарика были в руке, зажаты за пальцами. Просто он так руку держит. Я это тоже умел, правда, не со стеклянными шариками, а с поролоновыми, которые друг в друга вминаются. Так, как он делает, сложнее. Но вообще это довольно простой фокус.

Фокусник важно поклонился. Затем сунул руку в отверстие своего ящика и вынул оттуда стакан и два шелковых платка. Один платок был черного цвета, другой — радужно-пестрый. Фокусник бросил пестрый платок в стакан, затем накрыл черным платком его отверстие, показал зрителям плотно натянутый над ним черный шелк, и вдруг каким-то образом протащил пестрый платок прямо сквозь черный.

Алексей Иванович заулыбался.

— Это я тоже знаю, — сказал он. — Сам, правда, сделать с платком никогда не мог. Но принцип понимаю. В общем, он опять пальмирует. Разноцветных платков у него два. И есть еще кружок из черного картона. Когда он нам показывает натянутый черный платок над стаканом, мы на самом деле видим этот черный кружок. А второй цветной платок лежит между этим кружком и черным платком, понятно? Тут тяжело пальмировать, потому что один из цветных платков надо спрятать за поджатым мизинцем и безымянным...

Бросив стакан и платки назад в свою коробку, фокусник еще раз поклонился и показал на свой стакан от попкорна.

— А посложней что-нибудь? — спросил Алексей Иванович.

— Он же глухонемой, — сказал Игорь. — Если и читает по губам, то все равно не по-нашему. Тань, скажи, что мы посложнее что-нибудь хотим, а?

Танюша произнесла несколько длинных французских фраз. У нее было безупречное произношение без малейшего следа русского акцента. Но фокусник только вежливо пожал плечами.

— Может, жестами объяснить? — предложил Игорь.

— А как? — спросил Алексей Иванович.

— Сейчас попробую, — отозвалась Танюша.

Она выставила перед собой кулак с оттопыренным вверх средним пальцем и медленно повернула этот палец вниз, словно бесконечно жестокий цезарь, который обрекает на смерть павшего на арене гладиатора, одновременно посылая фингер ревущему на трибунах плебсу. Фокусник вздрогнул и втянул голову в плечи.

— Ну зачем ты так, — сказал Алексей Иванович. — Творческого человека обидела...

— Пусть старается, — ответила Танюша, наморщила лоб, подняла над головой руку и сделала несколько круговых движений ладонью, словно подталкивая к себе висящую над головой лампочку.

Алексей Иванович вспомнил, откуда этот жест. Несколько дней назад они вместе смотрели на его яхте цветную хронику Второй мировой, где был снят английский король Георг, приветствующий таким способом толпу в предвоенном Нью-Йорке. Алексей Иванович тоже обратил внимание на это странное движение пальцев, совершенно не похожее на мавзолейное российское рукопомахивание. Жест был в высшей степени рафинированный и идеально подходил для перевода на язык глухонемых выражения «самый высокий класс».

До фокусника, похоже, дошло, что гости требуют чего-то более замысловатого. Поглядев на цветы, лежащие на асфальте вокруг ящика, он погрузился на несколько секунд в раздумья — и решился. Сунув руку в ящик, он вынул сложенный в несколько раз лист желтоватой бумаги, развернул его и показал зрителям.

Это была старая афиша с рисунком и надписью. На рисунке был изображен жгучий брюнет в чалме с пером — вытянув перед собой руки, он стоял возле парящей в воздухе гражданки, завернутой во что-то вроде кисейной шторы. Под гражданкой алела разинутая пасть огромного крокодила. Шрифт и выцветшие краски свидетельствовали, что афиша не просто старая, а очень старая — фокусник, возможно, выручил бы больше денег, сдав ее букинисту, а не используя в качестве реквизита.

— Что там написано, Тань? — спросил Алексей Иванович.

— «Кормление крокодила Хуфу», — перевела Танюша.

— Хуфу — это имя крокодила?

— Нет. Хуфу — это имя фараона.

— Фараон Хуфу кормит крокодила? — спросил Игорь. — Или крокодила кормят фараоном Хуфу?

Танюша засмеялась.

— Нет, — сказала она. — Если по структуре

Иллюстрация Алексея Анисимова-Климкина

Иллюстрация Владимира Харченко

фразы, крокодил принадлежит фараону Хуфу, и этого крокодила кормит неустановленное лицо. А чем его кормят, по-моему, ясно.

Сложив афишу вдвое, фокусник разорвал ее. Потом сложил половинки вдвое и разорвал их еще раз. Потом повторил это снова и снова, пока плакат не превратился в совсем мелкие клочки. Тогда он сжал обрывки в кулаке, покрутил над ним другой рукой и вдруг развернул перед зрителями этот же плакат — совершенно измятый, но целый.

Игорь захлопал в ладоши.

— Это я тоже знаю как, — сказал Алексей Иванович. — У него на самом деле два одинаковых плаката. Один сложен гармошкой и спрятан в специальном кармашке, приклеенном к первому. Он рвет первый плакат до размеров кармашка, а потом вытаскивает из кармашка второй. А клочки незаметно прячет в карман...

Но фокусник, видимо, показал этот номер только в качестве затравки. Сунув руку в свой ящик, он вынул из него антикварный кассетный магнитофон и нажал на кнопку.

Раздалось громкое шипение и треск (запись, похоже, была сделана с патефонной пластинки), сквозь которые заговорил мужской голос. Голос звучал невыразительно и глухо, но слова вполне можно было разобрать.

— Танек, — сказал Алексей Иванович, — ну-ка...

Танюша закрыла глаза и стала быстро переводить, стараясь говорить тихо, чтобы не заглушать запись. Время от времени фокусник ненадолго останавливал магнитофон, чтобы дать ей закончить, словно разбивая текст на абзацы:

— История фокуса, называющегося «Кормление крокодила Хуфу», так же таинственна, как и сам этот трюк. Из всех магов Древнего Египта никто не пользовался таким почетом, как великий Джеди, живший при фараоне Хуфу. Он воскрешал умерших, менял направление рек, вызывал затмения и создавал причудливых животных — львов с орлиными крыльями и лошадей с ногами пауков. Он показывал фараону картины иных миров, потрясавшие величием и красотой. Говорили, что он может соединять настоящее с прошлым и будущим, меняя естественный ход вещей. Рассказ о его чудесах был записан на трех обелисках — никто прежде не удостаивался такой чести. Фараон приблизил его к себе и обласкал, а потом внезапно велел казнить.

— Все упоминания о подлинных деяниях Джеди были уничтожены или изменены, а память о них стерта. Фараон велел разбить обелиски, рассказывающие о его чудесах, и заменил их фальшивыми свидетельствами того, что Джеди был ярмарочным шутом, способным разве что веселить толпу в базарный день. Нечто подобное через много столетий проделал с надписями о своих предшественниках фараон Рамзес Второй, и вполне возможно, что он вдохновлялся примером Хуфу.

— Отчет о событии, заставившем фараона казнить Джеди, был изложен на единственном папирусе, который погребли вместе с фараоном. Пирамида Хуфу была разграблена в незапамятные времена, и папирус Джеди исчез. Сохранился ли он до наших дней и где он сейчас, неизвестно. Но некоторые люди утверждают, что им известна рассказанная в нем история.

— По их словам, она заключается в следующем. Жена фараона совершила неизвестное преступление и была изобличена. Джеди было велено придумать для нее великую и страшную казнь. На глазах у фараона и его приближенных Джеди подвесил ее в воздухе, после чего она была съедена гигантским крокодилом, которого маг

создал с помощью своих чар. Фараон пожелал увидеть, как этот крокодил выглядит в действительности. Тогда Джеди показал ему маленькую деревянную фигурку размером с детскую ладонь. Увидев ее, фараон заподозрил, что его жена была на самом деле не съедена крокодилом, а чарами перенесена в другое место. Он повелел магу раскрыть тайну своего искусства.

— Джеди сказал: «Секрет прост. Если зажечь в комнате лампу и поместить перед ней фигурки людей и животных, от них на стену упадут тени. Если поставить фигурку близко к лампе, ее тень будет большой. Если поставить ее далеко от лампы, тень будет маленькой. Поднося фигурки к лампе и удаляя их, можно менять взаимные размеры теней на стене. Точно так же вещи и существа на земле обладают взаимными свойствами относительно друг друга. Передвигая их перед своей волшебной лампой, я заставляю существа и предметы совершать непривычное и странное. Малое делаю равным большому. Большое равным малому. Поскольку все тени равны между собой, я через мир теней властвую над миром предметов. Но люди даже не постигают, в какой именно момент я показываю им главный фокус».

— Фараон спросил Джеди, что служит ему волшебной лампой. Джеди ответил, что это его собственный ум. Фараон спросил, что является стеной, на которой возникают тени. Джеди ответил, что это умы других людей. Фараон спросил, означает ли это, что Джеди бог. Джеди ответил утвердительно. Тогда фараон пожелал узнать, каково место Джеди в иерархии богов. Джеди ответил, что он высший из всех богов, поскольку все боги и люди — просто отбрасываемые им тени. Тогда фараон пожелал узнать, зачем был сотворен мир. Джеди объяснил, что любит показывать веселые фокусы, и ему нужны зрители, а иной цели и смысла у творения нет.

— Фараон спросил, не Джеди ли судит мертвых. Джеди ответил, что «суд» здесь слишком мрачное слово, и на самом деле это тоже один из его фокусов, который, правда, все видят по-разному. Тогда фараон спросил, почему человеку приходится так много страдать в жизни, если он был создан, чтобы наблюдать веселые фокусы. Джеди ответил, что человек в своей гордыне нашел фокусы создателя малоинтересными и стал проявлять больше любопытства к вещам, которые были сотворены просто как декорация. Это оскорбило бога,

и с тех пор он стал показывать человеку только такие фокусы, которые захватывают все его внимание целиком.

— Фараон потребовал великого чуда в доказательство этих слов. Он потребовал, чтобы Джеди сотворил еще одну вселенную или хотя бы еще одного бога. Джеди ответил, что не может вносить в уже созданный мир такие сущности, которые изменят его природу, но может произвольно менять соотношения и соответствия, а также влиять через одно на другое. Фараон нашел в этих ответах противоречие и велел казнить Джеди за святотатство. Но из этого ничего не вышло — экзекуция превратилась в последовательность издевательских фокусов, из которых самым оскорбительным был фокус с говорящей отрубленной головой, которая непочтительно отзывалась о фараоне и его близких. Фараон велел сварить голову в уксусе, но не помогло даже это.

— Когда фараон пришел посмотреть, как проходит казнь, голова Джеди заявила: «Я мог бы навечно проклясть род фараонов за такое обращение. Но я ограничусь фокусом. Что бы ты сказал, великий фараон, о правителе, который все ресурсы своего государства направ-

ляет на строительство пирамиды в сотню и даже тысячу раз больше обычной?» Фараон сказал: «Такой правитель был бы сумасшедшим, это понятно любому. Пирамида — жилище тени. А тени все равно, каков размер ее дома, поскольку, как ты правильно сказал, тень большого подобна тени малого. Моя пирамида уже строится, и она таких же размеров, как гробницы мудрых правителей древности». Джеди ответил: «Знай же, Хуфу, что твоя пирамида станет величайшим из построенных в Египте зданий, а сам ты станешь просто тенью своей пирамиды!»

— Фараон сказал: «Наверно, боль свела тебя с ума, фокусник. То, что ты говоришь, лишено смысла». Джеди ответил: «Смысл того, что я говорю, прост. У вещей и событий есть лицо и изнанка. Их можно отделить друг от друга. Для всех ты будешь фараоном, покоящимся в великой пирамиде. Но на самом деле ты будешь работать на ее строительстве столько времени, сколько нужно одному человеку, чтобы возвести величайшее здание в истории. И если ты будешь отлынивать от работы, тебя будут наказывать так же жестоко, как ты сейчас истязаешь меня. От страны, над которой ты властвуешь, останутся лишь руины,

твоя погребальная камера будет разграблена, и даже сама твоя пирамида превратится в облезлую гору каменных блоков — а ты по-прежнему будешь в одиночку строить ее, день за днем, век за веком и тысячелетие за тысячелетием, и даже не вспомнишь, что был до этого кем-то другим...» Хуфу спросил: «Как такое может быть?» Голова Джеди засмеялась и ответила: «Вот и узнай это сам... Считай это моим последним фокусом!»

— Сказав это, голова исчезла из чана, где варилась. А вскоре слуги фараона сообщили, что тело мага пропало... На этом кончается история, рассказанная в папирусе Хуфу. Никто не знает, что случилось с Джеди. Много столетий после этого малышей пугали легендой о том, что он так и странствует по свету, скармливая непослушных детей своему волшебному крокодилу. Но пирамида Хуфу, известная также как пирамида Хеопса, действительно стала величайшей в истории — ее высота почти сто пятьдесят метров. До сих пор люди со всего мира съезжаются посмотреть на это удивительное творение человеческих рук, напоминающее нам о гении древнего человека и о безжалостной тирании, под гнетом которой проходила его жизнь. А фокус «кормление

крокодила Хуфу», изображающий волшебное исчезновение жены фараона, вошел с тех пор в репертуар лучших магов мира...

Как только запись кончилась, магнитофон щелкнул и остановился. Через несколько секунд замолчала и Танюша — как пулемет, доевший патронную ленту до конца.

— Ну ты даешь, — одобрительно сказал Алексей Иванович.

— Могу синхронисткой работать, — улыбнулась Танюша. — У переводчиков это называется «будочный уровень».

— Почему будочный?

— Синхронисты в будке сидят.

— У тебя незабудочный уровень, — сказал Алексей Иванович.

В этот раз Танюша просмеялась в точности столько, сколько нужно. «Великая вещь женский инстинкт», — подумал Алексей Иванович и чуть заметно вздохнул.

— А вот мне сейчас в голову пришло, — сказал Игорь. — Все говорят, дурак этот Хуфу, всю жизнь строил огромную пирамиду, и зачем? А это, между прочим, была самая мудрая инвестиция в истории человечества. От всех этих лунных модулей, которые мы в шестидесятые годы клепали, даже ржавчины не осталось, хоть времени прошло всего ничего. А пирамида Хеопса до сих пор весь Египет кормит. И еще тысячу лет кормить будет. Вот это я понимаю, правительство о народе думало!

— Подожди, — сказал Алексей Иванович. — Кажется, он нам сейчас это египетское чудо собирается продемонстрировать...

Действительно, фокусник начал подготовку к новому трюку. Вынув из своего ящика глянцевую коробку с изображением большегрудой белозубой блондинки, он раскрыл ее и достал свернутую надувную женщину — грубую клеенчатую разновидность из секс-шопа.

— Фу какая гадость, — сказала Танюша.

Отбросив пустую коробку в сторону, фокусник принялся надувать женщину каким-то газом из черного шланга, конец которого он вытащил из своего ящика — видимо, у него там был маленький газовый баллон.

— Тема надувной женщины, — сказал Игорь, — знаем-знаем. Метафора внутренней пустоты и бездуховности современного человека.

Алексей Иванович хмыкнул.

— Вы не согласны? — спросил Игорь.

— Не знаю, — ответил Алексей Иванович. —

Насчет пустоты согласен, а вот насчет бездуховности... Она же все-таки на пневматике.

Танюша в этот раз не засмеялась — видимо, просто не поняла, что это была шутка.

— «Пневма» по-гречески душа, — пояснил Алексей Иванович. — Интересно тут другое. Почему-то всегда бывает надувная женщина, а не мужчина. Если это и метафора, то смысл скорее в том, что женщина по своей природе чрезвычайно пластичное существо, которое мужчина наполняет содержанием. Не только в прямом физиологическом, но и в переносном смысле. Вот у Чехова был такой рассказ «Попрыгунья»...

— Да хватит вам об этой гадости, — вмешалась Танюша. — Вас эта история не зацепила? Которая на магнитофоне была?

— По-моему, интересная, — сказал Игорь. — Во всяком случае, интереснее того, что он делает. В ней действительно чувствуется что-то чудесное, правда?

Алексей Иванович пожал плечами.

— Чудеса делаются из человека, которому их показывают, — сказал он. — И чем больше он их видел, тем меньше остается места для новых. В вас, ребят, чудеса еще есть. А мне все мои показали в девяностых годах прошлого века. Во время залоговых аукционов, если совсем конкретно. И новых уже не предвидится. Это как в ателье — пошив из материала заказчика. А материала у нас не особенно много.

— Значит, — сказал Игорь, — надо следить, чтобы с нами происходили только самые качественные чудеса. Вот как с вами.

Алексей Иванович усмехнулся.

— Следи, — ответил он.

Фокусник все еще готовился к номеру. Он положил надутую куклу на землю перед своей тележкой и жестами велел зрителям отойти подальше. Когда они подчинились, он сунул руки в свой ящик, долго шарил там с озабоченным видом и наконец вынул одноразовые палочки для суши в бумажной упаковке. Разъединив их, он сунул одну назад в упаковку и бросил обратно в ящик.

— Вот это правильно, — сказала Танюша. — Волшебная палочка должна быть одноразовой, как шприц. Роулинг не учла. А то после плохих чудес ей будет противно совершать хорошие, и наоборот.

— Ну, если так рассуждать, тогда... — Игорь не договорил и засмеялся.

— Что «тогда»? — спросила Танюша.

— Ничего, — ответил Игорь. — У мужчин свои секреты. Хватит болтать, сейчас фокус будет.

Действительно, фокусник закончил свои приготовления и несколько раз хлопнул в ладоши, требуя внимания. Добившись его, он вынул из магнитофона кассету, перевернул ее и снова нажал на «play». Заиграла условно-восточная музыка, вроде той, что бывает в мультфильмах про Али-Бабу.

Фокусник торжественно поклонился зрителям, приблизился к надувной женщине, несколько раз обошел ее по кругу, присел перед ней на корточки и погладил, словно успокаивая перед опасным трюком. Затем он простер над ней руки, в одной из которых была одноразовая волшебная палочка, и стал медленно подниматься, изображая крайнее напряжение всех сил. Надувная женщина дернулась, оторвалась от земли и поплыла вверх, словно притягиваемая пассами его рук.

— Черт, хорошо тянет, — сказал Алексей Иванович шепотом. — Плавно. Поняли, почему он нас отогнал?

— Почему? — спросила Танюша.

— Он, когда присел на корточки, прицепил к ней две тонкие лески. А сейчас, когда руками машет, наматывает их на руки. Поэтому она и поднимается...

Когда надувная женщина поднялась до высоты его плеч, фокусник сделал несколько особо замысловатых пассов и стал медленно отходить в сторону от фонаря. Надувная женщина, однако, осталась висеть на месте.

— Дошло? — прошептал Алексей Иванович. — Он ее перецепил на леску, которая была раньше подвешена к этому фонарю. Она тонкая, как паутина. И он нас специально так поставил, чтобы ее видно не было.

— Господи, — вздохнула Танюша. — И на фиг надо было ради такой ерунды про фараона рассказывать...

— Подождите, — сказал Игорь. — Может, это еще не все.

Фокусник повернулся к зрителям и жестом пригласил их подойти к висящей в воздухе кукле.

— Ага, — сказал Алексей Иванович, — вот сейчас будет разоблачение черной магии. Пошли посмотрим.

Все трое пошли к кукле.

Неожиданность случилась, когда до нее осталось метра два-три. Фокусник вдруг поднял свою палочку, указал ею на куклу, и раздался оглушительный хлопок. Видимо, она была заполнена каким-то горючим газом — сверкнула голубая вспышка, и разорванную клеенчатую оболочку отбросило далеко в сторону. Зрителей опалило близким жаром.

В следующий момент загремел записанный на магнитофон идиотский хохот, а из ящика с реквизитом высунулась голова плюшевого крокодила с печальными пластмассовыми глазами, у которых почему-то были кошачьи зрачки.

Фокусник, похоже, был очень доволен собой — тыкая в зрителей своей волшебной палочкой, он содрогался в спазмах немого смеха, который довольно правдоподобно озвучивался лежащим на ящике магнитофоном.

— Кретин, — сказала Танюша.

— Действительно, — сказал Алексей Иванович, снимая очки и внимательно их осматривая, — это уже несколько того... Хорошо, что охрану не взяли, а то бы он этого момента не пережил. Игорь, у тебя на щеке что-то синее.

— Мне обрывком этой тетки попало, — ответил Игорь. — Вообще, за такое и в глаз можно выписать.

Фокусник требовательно выставил перед собой стакан из-под попкорна.

— Он еще и денег хочет, — изумился Игорь.

— Не заводись, — сказал Алексей Иванович. — Надо ему все-таки дать что-то.

Танюша отрицательно покачала головой.

— За хамство еще платить будем.

— Сколько реквизита потратил, — вздохнул Алексей Иванович. — Ему ведь тоже жить надо.

— Жизнь — это выживание сильнейших, — отрезала Танюша. — Придет на его место другой фокусник и покажет людям фокусы лучше.

— Пошли отсюда, — хмуро сказал Игорь, трогая щеку. — А то место для другого фокусника может освободиться раньше положенного.

— Ну пошли так пошли, — согласился Алексей Иванович.

Все трое повернулись и побрели прочь. Но не успели они сделать и трех шагов, как сзади опять хрипло заиграл органчик. Алексей Иванович обернулся.

— Подожди-ка, — сказал он. — Кажется, он что-то хочет.

Фокусник вышел из-за своего разукрашенного звездами органного ящика и направился к зрителям. Приблизившись к Алексею Ивановичу, он взял его за правую руку, где тот в последние годы носил часы, и постучал пальцем по их циферблату.

Иллюстрация Анны Опариной

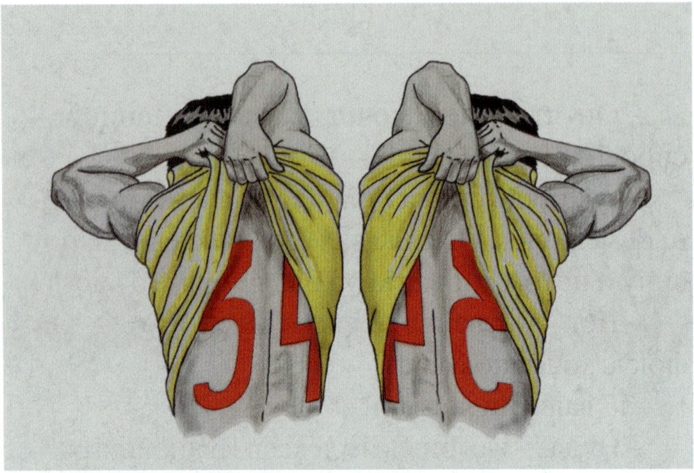

Иллюстрация Илоны Марковой

Иллюстрация Илоны Марковой

— Он что, часы хочет за выступление? — спросил Игорь.

В руке фокусника появился маленький черный мешочек. Он показал его Алексею Ивановичу, а потом снова ткнул пальцем в его часы.

— Нет, — ответил Алексей Иванович. — Он фокус хочет показать.

— С вашими часами?

— Ну да, — улыбнулся Алексей Иванович, расстегивая ремешок. — Я этот фокус тоже знаю.

Он протянул часы фокуснику.

— Не боитесь? — спросила Танюша. — У вас же дорогущие.

— Нет, — сказал Алексей Иванович. — Вот смотри. Он их кладет в мешочек. Видишь? Идет к своему ящику...

Фокусник действительно положил часы Алексея Ивановича в черный мешочек и пошел к своему ящику на колесах. Оказавшись на месте, он поднял мешочек над головой и помахал им в разные стороны, словно показывая невидимой толпе. Затем он достал из ящика молоток и продемонстрировал его той же воображаемой публике. После этого он бросил мешочек с часами себе под ноги, присел и несколько раз с чувством ударил по нему своим инструментом.

— Ой, — сказала Танюша. — Он же... Он же их разбил!

Алексей Иванович засмеялся.

— Хороший звук, да? Он, когда к коробке шел, незаметно подменил мешочек. У него второй такой же, а в нем разбитые часы. Чтобы звук был убедительный. Такой характерный хруст, от которого все внутри сжимается — слышали? Сейчас он нам покажет горку шестеренок и стеклышек... Вот. А потом опять подменит мешочек и выдаст мои часы.

Фокусник сделал именно то, что предсказал Алексей Иванович — перевернул мешочек и высыпал на землю осколки разбитых часов.

— А сейчас он все назад соберет, — продолжал Алексей Иванович, — видите? Сложил в мешочек. Теперь будет делать пассы... Во... А потом принесет мешочек мне. И часы будут целые, потому что они в другом мешочке, который он сейчас незаметно вынет.

Игорь недоверчиво хмыкнул.

— Что же у него, — сказал он, — синий ремешок из крокодиловой кожи был припасен? Специально на случай этой встречи?

Улыбка сползла с лица Алексея Ивановича.

— Синий ремешок? — переспросил он.

— Как на ваших, — сказал Игорь.

Фокусник уже подошел к Алексею Ивановичу и протянул ему мешочек. Алексей Иванович взял его и вытряхнул содержимое на ладонь.

Это были его часы. Те самые, которые он перед этим отдал фокуснику. Только разбитые и сплющенные несколькими ударами молотка.

— О чем я и говорю, — сказал Игорь.

Алексей Иванович посмотрел на часы, потом на фокусника, и его лицо покраснело неровными пятнами, как будто у него очень быстро развилась какая-то кожная болезнь вроде лишая. Фокусник виновато развел руками и наклонил голову вбок, но по дрожанию кончиков рта в вырезе маски было понятно, что он еле сдерживает смех. Алексей Иванович не выдержал.

— Игорь, — сказал он, — ты у нас каратист. Ну-ка замандячь ему в пятак как следует. Только не убей.

Но фокусник уже понял, что ему угрожает опасность — и с необычайным проворством побежал прочь по дороге. Игорь гнался за ним до тех пор, пока пришедший в себя Алексей Иванович не закричал:

— Игорь, стой! Плюнь. Себе дороже будет!

Как только преследование прекратилось, фокусник остановился. Буквально выполнив просьбу Алексея Ивановича, Игорь плюнул на дорогу, повернулся и пошел назад.

— Ящик, — крикнул Алексей Иванович и указал на коробку с реквизитом.

Но Игорь и сам уже додумался до того же. Подойдя к тележке, он сильным ударом ноги перевернул ее. Из открытого люка на асфальт посыпались веревки, шарики от пинг-понга, карточные колоды, какие-то картонные диски и другие малопонятные предметы, самым красивым из которых был глянцевый зеленый цилиндр с лихо загнутыми полями. Все это было безжалостно растоптано, а затем Игорь принялся за сам ящик.

Фокусник делал вид, что его совершенно не заботит происходящее с его реквизитом. Пританцовывая на месте, он придуривался — поворачивался к зрителям спиной, наклонялся и молотил себя ладонью по выпяченному заду, потом начинал свирепо тыкать в их сторону своей волшебной палочкой или воздевал вверх руки, словно призывая на их голову небесное воинство. Выглядело это довольно смешно, и, если бы не хамская выходка с часами, он точно заработал бы денег на несколько месяцев вперед.

— Игорек, — позвал Алексей Иванович, — хватит.

Окончательно приведя тележку в негодность, Игорь вернулся к Алексею Ивановичу и Танюше.

— Идем отсюда, — сказал Алексей Иванович хмуро. — Только проблем не хватало. Вдруг у какого-нибудь педика тут предвыборная гонка... Знаешь такую пословицу — попал, как кур в шевель.

— Это поговорка, — сказала Танюша.

Повернувшись, все трое пошли прочь — в тот же туман, откуда не так давно появились.

Игорь никак не мог успокоиться и оборачивался каждые несколько шагов. Некоторое время фокусник в красно-желтой маске был еще виден — он все так же приплясывал и махал своей палочкой. Потом он исчез из виду, но Игорю почему-то стало казаться, что движение клубов тумана, который и не думал рассеиваться, — это тоже какое-то вредительство.

— Чего ты оглядываешься, — спросила Танюша, — боишься, нагонит и побьет?

— Ага, — сказал Игорь. — Именно этого и боюсь. Нам далеко еще?

— Где-то вроде здесь, — сказал Алексей Иванович. — Черт, чувствую, опоздаем.

— Нет, не здесь, — сказала Танюша. — В ту сторону мы дольше шли. Нам еще метров сто.

— Можем действительно опоздать, — повторил Алексей Иванович озабоченно, и все трое пошли быстрее.

Через несколько секунд Алексей Иванович вдруг испытал странное чувство. Что-то похожее бывает, если во время ходьбы зажмуриться и пойти в возникшую на месте знакомого мира черноту: первые шаги по отпечатавшейся в памяти картинке даются без труда, а потом возникает неуверенность, которая с каждым новым шагом нарастает и заставляет наконец открыть глаза. Только сейчас открыть глаза было сложно, потому что они были открыты и так. Алексей Иванович вдруг понял, что не может больше сделать ни одного шага, и остановился.

«В какую теперь сторону? — подумал он. — Ничего себе. Забыл. Надо их спросить, они точно помнят».

— Эй, — позвал он, — мы туда идем-то?

— Я тоже как раз подумал, — ответил Игорь. — Даже не знаю. Могли незаметно развернуться на сто восемьдесят.

— Так мы точно опоздаем, — сказал Алексей Иванович.

— Не надо так говорить, — попросила Танюша. — Накаркаете ведь.

Не успела она договорить, как раздался далекий печальный гудок, похожий на звук трубы или рожка. Алексей Иванович вздрогнул.

— Вот, — прошептала Танюша. — Накаркали.

— Побежали, — испуганно выдохнул Игорь, и все трое бросились в туман, уже не раздумывая, туда они идут или нет.

Оказалось, что туда — три деревянных тачки, заполненных мелко наколотым щебнем, появились из тумана там же, где их бросили, на границе каменистой земли и уходящей за песчаную насыпь дороги. Но спешить все равно было поздно — разрывая мозг и убивая надежду, еще два раза пропел рожок.

— Опоздали, — выдохнул кто-то, и все трое, оторвав тяжелые тачки от земли, покатили их по дороге — стараясь передвигать натертые ноги как можно быстрее и не думать о том беспредельно жутком, что ждет их за опоздание, если его заметит стража.

Опоздание считалось побегом. А тех, кто пытался бежать со строительства Великой Пирамиды, бросали в квадратный пруд, вырытый рядом со стройкой по личному распоряжению начальника работ. Пруд был маленьким и мутным, зато его обитатель был огромен и по-своему красив. У него были короткие ноги, мощные челюсти и длинный хвост. Сверху его серо-коричневое тело покрывали ряды костяных пластин, а снизу, на жирном животе, его кожа была почти желтой.

Жрецы называли его Священным Крокодилом Хуфу.

Некромент

По образному замечанию одного военного архивиста, история генерала Крушина примерно так же отличается от других громких дел, связанных с перетряской в силовых структурах, как процесс Жиля де Ре — от увольнения в запас какого-нибудь полуграмотного феодала, мешавшего историческому прогрессу.

Сравнение с Жилем де Ре не содержит в себе никакого преувеличения — сожженный на костре в 1440 году французский маршал, сознавшийся в связях с дьяволом и ритуальных алхимических убийствах, вполне может быть назван духовным побратимом бывшего замначальника московской ГАИ (Крушин предпочитал называть свое ведомство по старинке, как это до сих пор делает народ, и мы в нашем небольшом очерке следуем его примеру).

Большая часть информации о деле Крушина до сих пор закрыта, и попытки составить его хоть сколько-нибудь полное жизнеописание неизвестны. Мы, разумеется, не претендуем на окончательное раскрытие темы. Наша задача — собрать в одном месте крупицы информации, мелькавшие в разное время в разных источниках, и пусть читатель делает выводы сам.

* * *

Как продолжают думать очень многие, падение Крушина было связано не с его злодеяниями (мало ли у нас злодеев), а исключительно с его политическими амбициями. Возможно, именно поэтому рассказы о мрачных открытиях следствия имели в обществе такой слабый резонанс — им попросту никто не верил. Когда человек лезет в политику, никого не удивит, если выяснится, что он серийный убийца, который связан с марсианской разведкой и вдобавок работает на мумию Рамзеса Второго. А про генерала говорили довольно похожие вещи.

Но, как ни странно, политика была здесь ни при чем.

В кремлевских коридорах Крушин-политик не вызывал беспокойства. Наоборот, одно время его даже склонялись поддержать, полагая, что в политическом шапито может появиться новый талантливый клоун. Крушин рассматривался как возможная смена поднадоевшим ветеранам предвыборного манежа, которые уже перестали смешить публику своими репризами и кувырками. Но его злодеяния оказались слишком странными для того, чтобы элита смогла принять его в свои ряды. Мало того, они были бескорыстными.

По официальной версии, Крушин застрелился вскоре после того, как по его делу началось следствие, затем был кремирован и похоронен в установленном порядке. По другим сведениям, его уход из жизни был так же необычен, как и сама жизнь.

* * *

Взлет генерала Крушина напоминал своей крутизной карьеру римского преторианца, затянутого в восходящий поток случайной близостью к сильным мира сего. Он начинал простым регулировщиком, и, наверное, так и собирал бы по ночам мятые купюры, если бы в один прекрасный день ему не подмигнула судьба. Его назначили командиром мобильного заслона, перекрывающего движение по Аминьевскому шоссе возле того места, где Главная Дорога страны изгибается прихотливым «Г» у съезда с Кутузовского на Рублевку.

Дальнейшее произошло очень быстро. Кто-то из высокого начальства заметил статного майора с мегафоном в руках, противостоящего многокилометровой матерящейся пробке, и подумал — вот такой и нужен, чтобы встретить, если надо, грудью оранжевую волну... Когда стало ясно, что никакой оранжевой волны не будет, Крушин был уже генералом и вторым человеком в московской ГАИ.

Многие видели агитационный ролик, где одетый в белоснежный китель Крушин (в нем находили сходство с Жераром Депардье) читает текст, написанный для него кем-то из гопоты четвертого «почвенного» призыва (словом «гопота» и «гопники», образованным от инициалов «ГОП», в те дни обычно называли политтехнологов из бригады Гойды Орестовича Пушистого, которая вела генеральский проект).

— ГАИ — единственная нескомпрометированная общенациональная сила, которая соборно воплощает дух нашего тороватого и своеобычного народа, не похожего на другие народы Европы, — говорит Крушин. — Каждый, кто видел дачу или дом сотрудника

ГАИ, знает — мы умеем жить. Обещаю, что так же будет жить вся страна... Каждой русской семье — по знаку «скорость сорок километров», хе-хе, это, конечно, была шутка, дорогие друзья...

Из идей, высказанных генералом Крушиным в ходе его недолгой публичной деятельности, более-менее широкий резонанс получила одна: разрешить московские гей-парады, но проводить их в Парке Горького в День Воздушно-десантных войск. Некоторые думают, что генерал хотел создать проблемы для голубых; другие считают, что именно суровые и ожесточенные травлей голубые качки создали бы проблемы для налитой пивом десантуры (генерал, по свидетельствам сослуживцев, сам был нетрадиционной ориентации, но тщательно изображал гомофоба — например, когда его спросили, какой из культурных трендов в наибольшей степени способствует размыванию российской идентичности, он ответил так: «Понимаю вашу озабоченность. Лично меня тревожит, что пидарасы проникли на радио «Шансон»... Что значит, откуда я знаю? Я же слышу!»).

Генерал выступил за исключительно контрактный способ формирования армии, мотивируя это тем, что «наше сегодняшнее Отечество возможно защищать только на коммерческой основе».

Еще запомнилась его бескомпромиссная, но несколько угловатая антиамериканская риторика. Вот, например, что сказал Крушин во время одного из телевизионных круглых столов (при повторной трансляции генерала полностью вырезали, в том числе со всех общих планов, сделав так называемую «цифровую зачистку», — но в спешке оставили под столом его ноги; кроме того, сохранилось несколько реплик, произнесенных, когда на экране были другие участники):

— Мы с коллегами тут ездили в турпоездку в Канаду, в город Торонто. Очень чистый и красивый город, с высокими небоскребами. Знаете, как они про себя говорят? Торонто — это Нью-Йорк, которым управляют швейцарцы. Я как услышал, сразу подумал — а что такое Америка? Америка — это фашистская Германия, которой управляют евреи!

В другой раз он расшифровал «USA» как «United Satan of America».

Некоторые журналисты пытались объяснить подобные кувырки мышления острым политическим чутьем, другие — его полным отсутствием; еще говорили про особенности милицейского душеустройства. Но в действительности генерал думал об Америке не больше, чем Америка думала о нем — все это было стопроцентным политтехнологическим продуктом.

Большинству экспертов Крушин казался классическим паркетным радикалом, который не может прийти к власти, но при правильной подсветке студийными софитами способен сойти за нависшую над страной мрачную тень, от которой руководство обязано защитить вдов и сирот, оставаясь ради этого у руля, — что во все времена является весьма востребованным на рынке политических услуг товаром.

Опросы общественного мнения показали, что со временем генерал сможет рассчитывать на двенадцать жириновских процентов. Вскоре его стали вызывать на допросы; затем был подписан ордер на его арест, но генерал успел эффектно застрелиться перед камерой.

Информация о следствии просачивалась в СМИ медленно и трудно. В результате некоторая часть населения стала воспринимать Крушина как страдальца за народ, которого оклеветали и погубили. Между тем смерть генерала не имела никакого отношения к его кривоватому политическому проекту. Все было намного страшней.

* * *

Крушин принадлежал к поколению, юность которого пришлась на то странное и волшебное время, когда гравитация советского прошлого уже практически сошла на нет, а урчащее тяготение будущего еще не чувствовалось. Это была эпоха духовной невесомости, когда, словно в какой-то орбитальной лаборатории, в душе росли невозможные кристаллы, возникали удивительные сплавы, которые немыслимы в любую другую эпоху. Обрывки оккультных знаний и духовных практик, геополитические концепции и анархические идеи смешивались друг с другом в головах гомункулов, которые ухитрялись не только выжить в этом разреженном воздухе, но и набрать достаточную силу, чтобы не сгореть в плотных слоях нового мира. К таким гомункулам относился и генерал Крушин.

Система оккультных взглядов, которая составила его мировоззрение, не связана ни с одной из реально существующих мистических традиций. Она основана, скорее, на расплывчатом отражении этих традиций в зеркалах советского самиздата, на многозначительно-неясных разговорах, которыми так славятся московские метафизические малины, на нечетких ксерокопиях машинописных текстов, авторство и происхождение которых уже невозможно установить из-за съеденной мышами титульной страницы, — и проследить генезис его убеждений точнее невозможно.

Некоторые считают, впрочем, что все вышесказанное должно относиться не столько к самому генералу, сколько к его главному ментору, философу-визионеру Дупину, поскольку до встречи с ним генерал не имел никакого мировоззрения вообще.

Правда, Крушина называют иногда «русским националистом». Но следует отчетливо понимать, что здесь имеется в виду. Да, такова была его самоидентификация. Однако генерал не был мыслителем или теоретиком; вслед за начальством примеряя на себя это слово, он не скрывал, что плохо представляет себе его истинный смысл. Именно поэтому он с трогательной доверчивостью и обратился сразу к нескольким звездам отечественной мысли за разъяснением того, что следует делать, назвавшись подобным груздем. Его можно понять —

ведь духовная элита существует именно для этих целей.

Кроме Дупина, интеллектуальную поддержку генералу оказали политтехнолог Гетман и многоцелевой мыслитель Гойда Орестович Пушистый (вернее, его бригада) — сумма этих влияний и определила в конечном счете генеральскую судьбу. Но политтехнологическое сопровождение было для Крушина просто дорогим шиком, а все свои действительные мнения он заимствовал у Дупина, которому безоговорочно (как это бывает с душевно простыми людьми, однажды ослепленными блеском чужого ума) доверял. Дупин же в то время как раз разочаровался в ФСБ и обратил взоры к ГАИ.

Если сравнивать Крушина с Жилем де Ре, то Дупин выполнял при нем функции Франческо Прелати — алхимического магистра, отвечавшего за контакт с ужасающим и волшебным. Однако напомним, что это всего лишь слухи — следствие не нашло никаких улик против Дупина. Тем более их нет у нас.

Мы ничего не утверждаем — мы лишь пробуем восстановить картину случившегося. Здесь так много путаницы и взаимных наветов, что разгребать завалы следует очень осторожно.

* * *

Начнем с печально известного антисемитизма генерала.

В стандартном бланке заказа на политтехнологическое сопровождение, поданном через ФСБ в контору Пушистого, Крушин поставил галочку в одном-единственном квадратике — напротив позиции «русский национализм»; графа «примечания» осталась пустой. Все остальное гопники, как обычно, придумали сами (по их базовой концепции, отечественному заказчику следует в первую очередь объяснить, что он хочет заказать, и только после этого выполнять заказ).

Для генерала изобрели следующую тактику русского националистического дискурса: не делая прямых и, как следствие, опасных в юридическом плане заявлений, уклончиво сравнивать военные приемы монголов и евреев во время их завоевательных походов. Такое сравнение должно было постоянно упирать на то, что у евреев было хуже с конницей, зато они оказались намного сильнее во многих других отношениях — особенно в маскировке на местности.

Большинство материалов для Крушина разработал один из неофициальных, но самых высокооплачиваемых сподвижников ГОПа, уже упомянутый специалист по левым политическим проектам Макар «Товарищ» Гетман, известный также в качестве арт-дилера; именно этим объясняется высокий артистизм исполнения генеральского заказа и большое количество привлеченного иллюстративного материала.

Типичный образчик его продукции — плакат «Способы маскировки татаро-монгольской и еврейской пехоты и конницы», который одно время украшал многие московские отделения ГАИ (для конспирации его иногда прикрывали настенным календарем). Это лист красной бумаги формата А3, разделенный на два столбца — «монголы» и «евреи».

Первый рисунок в столбце «монголы» такой: щелевидная яма глубиной метра в три, в которой стоят две лошади со всадниками в полном боевом облачении. Сверху яма затянута сетью с привязанными ветками и пучками травы. В столбце «евреи» этому рисунку соответствует фотография двух пластиковых карточек, подписанная: «водительские удостоверения на имя Ермолая Творожного и Савелия Крынки».

Ниже в столбце «монголы» изображен широкий плоский щит с прорезью для стрельбы из лука. На щите в традициях наивного примитивизма нарисованы камыши, осока и две уточки. Надпись поясняет, что это монгольское приспособление для лодочной засады на болоте. В соседнем столбце безо всяких комментариев помещена обложка журнала «Русская Жизнь».

Еще ниже в столбце «монголы» скачет куда-то похожий на бубнового валета молодец со сменной лошадью наготове. И молодец, и вторая лошадь обвязаны березовыми вениками — видимо, это должно придать им сходство с растением перекати-поле. Рисунок называется «монгольский темник Уча-багатур, путешествующий о-двуконь». Напротив — фотография полного молодого человека с усиками, стоящего в зале «Шереметьево 2» под табло отлетов. Снимок озаглавлен: «Председатель секции православно-демократических христиан-консерваторов Фрол Щупловато, путешествующий о-двупаспорт».

Не будем углубляться в довольно нудный дискурс, разработанный Гетманом для генерала — он того не стоит. Лишь крайняя занятость талантливого, но постоянно работающего о-двужанр политтехнолога объясняет (но не извиняет) присутствие в политической программе генерала ГАИ таких фрагментов:

«Многие вещи, которые принято рассматривать в качестве непреложных культурных, этических и метафизических констант, являются в действительности просто побочными следствиями борьбы еврейского народа за выживание...»

Или:

«Украинский вопрос есть не что иное, как вытесненный в подсознание еврейский...»

И так далее. Скорее всего, Гетман просто сливал таким образом смысловые обрезки, оставшиеся от более статусных и бюджетных проектов по развитию русского национального самосознания — чего лукавить, водится за нашими политтехнологами такой грешок. Этим же объясняются и антиамериканские инвективы генерала.

Таким образом, нет оснований считать, что Крушин был антисемитом на самом деле. Возможно, ему пошили такой пиджак, потому что подобной одежки требовала та клетка великой шахматной доски, которую он собирался занять. Но может быть и так, что это было личной местью Макара Гетмана. В пользу последнего предположения есть весьма убедительные свидетельства — к чему мы еще вернемся.

* * *

Влияние Дупина на взгляды генерала отследить гораздо проще. Вот один из видеоматериалов, запечатлевших Крушина: фрагмент лекции генерала перед победителями всероссийского конкурса ГАИ «инспектор-отличник», заснятый милиционером из Самары на мобильный телефон (слова генерала могут показаться странными для подобного мероприятия, но вскоре они получат объяснение).

Запись не отличается высоким качеством; сначала речь генерала почти не слышна за голосами милиционеров и их сдавленным смехом. Смеются не над тем, что говорит прохаживающийся по сцене генерал, а над рассказанным анекдотом.

Крушин одет в темный костюм и голубую рубашку с галстуком в черно-белую полоску; в его руке лазерная указка в виде ручки. На сцене висят три плаката — на одном из них египетская пирамида, на другом Мавзолей Ленина, на третьем — Кремлевская стена с маленькими черными квадратиками, изображающими захоронения советских времен.

— В евразийских тайных учениях, — говорит генерал, — широко распространена точка зрения о том, что человек живет после смерти совместно со своим народом. Об этом, кстати, гласило и учение коммунизма, бывшее в России просто формой воплощения архаического национал-евразийского начала. Так вот, возникает вопрос, как именно человек живет со своим народом после смерти? Ведь его тело умирает, там в седьмом ряду весельчаки сейчас пойдут сортир драить, я понятно сказал?

Разговоры, заглушавшие лекцию, стихают, и голос генерала становится отчетливо слышен.

— Однако с давних пор посвященные знали, что человек умирает не весь, и некоторые его тонкие тела, это, чтоб вы понимали, примерно как тела из очень разреженного воздуха, сохраняются после смерти. В разных странах мира посвященные видели эти тела различным образом, прежде всего потому, что в разных религиозных эгрегорах (это слово генерал выговаривает с некоторым фрикативным усилием, примерно так: «э-грех-хорах») тонкие тела формируются по-разному. Именно поэтому, скажем, мусульманский рай никак не пересекается с христианским, но такого, конечно, простому милиционеру-регулировщику не понять...

Над рядами пролетает счастливый молодой гоготок.

— Н-да... Не понять милиционеру-регулировщику, — повторяет генерал с ухваткой эстрадного юмориста, выдаивающего из аудитории последние завалявшиеся смешки, — поэтому не будем слишком углубляться в это дело... Запомните только, что в египетской, евразийской и наследовавшей им советской культуре традиционным тонким телом считалось так называемое «тело костей». Думайте о нем как о легчайшем воздушном шарике, соединенном невидимой нитью со скелетом-якорем. Именно сохранение тела костей и было целью ритуальной мумификации египетских фараонов и первого вождя Советской России Ленина...

Рубиновая точка лазера загорается на пирамиде, затем перескакивает на лист с изображением Мавзолея.

— Мумию великого человека, чью духовную энергию предполагалось сохранить для потомков, помещали в таком месте, чтобы парящее над ней «тело костей» находилось в строго определенной точке — либо в центре масс пирамиды, либо прямо на трибуне Мавзолея, как бы накладываясь на стоящих там вождей и передавая им свою магическую силу.

Генерал делает паузу и оглядывает аудиторию. Теперь на его лице нет и тени улыбки. Он крайне серьезен, и эта серьезность, кажется, передается аудитории.

— В некоторых случаях, — продолжает он, — когда сохранить скелет великого человека не представлялось возможным, его тело кремировалось по специальной древней процедуре, при которой способность костей удерживать на энергетическом поводке тонкое посмертное тело переходила к пеплу. Проще всего это достигалось, возлагая великого человека на костер живым, но были и другие методы...

Луч лазерной указки переезжает на рисунок Кремлевской стены.

— Поэтому «тело костей» в евразийской традиции называют иногда «телом пепла». Речь в обоих случаях идет об одном и том же тончайшем воздушном шарике, в котором сохраняются эмоции и намерения усопшего — если не все, то главные. Я уже сказал, что эту погребальную процедуру применяли только к великим людям. Но давайте спросим себя, ребята, — что делает человека великим? Да только одно. Желание и готовность служить своему народу. При жизни, а если надо, и после смерти. Только надо знать как... Эй, седьмой ряд, ты что там с мобильником играешься, засранец? Я к тебе обращаюсь, к тебе...

Генерал смотрит прямо в камеру. Через долю секунды запись обрывается.

* * *

Любопытный видеодокумент — интервью с майором ГАИ Василием Розановичем, по совместительству маринистом-баталистом, председателем творческой секции «Художники Боевых Кораблей» при автошколе номер восемь Юго-Западного округа столицы.

Розанович, румяный пухлый бонвиван с вандейковской бородкой, снят у себя в мастерской — просторном светлом зале, в окнах которого видны верхушки московских новостроек. На нем какая-то коричневая хламида, свисающий на ухо бархатный берет и фартук со следами краски; на пальце кольцо с огромным изумрудом (его Розанович старается не показывать — но, увлекаясь жестикуляцией, время от времени все же проносит перед объективом). За его спиной видны картины, специально развернутые так, чтобы попасть в кадр: вздыбившийся на огромной волне парусник с двумя рядами пушек и Андреевским флагом, линкор «Тирпиц» в рассветных лучах, американский авианосец времен Второй мировой, и так далее.

— Все началось с того, — говорит Розанович, — что Гетман продал в Саудовскую Аравию большую партию визуальных объектов «целующиеся гаишники», которыми один тамошний принц-гомосексуалист собрался оформить свой охотничий домик в Альпах. Само по себе изображение очень простое — два гаишника в форме целуются на фоне березового леса, трогая друг друга за регулировочные жезлы. Но для принца заказали около двухсот таких композиций. Условия были следующими: на работах не должно встречаться одинаковых лиц, и все гаишники должны иметь портретное сходство с реальными московскими милиционерами. Знаете, как терракотовая армия Цинь Шихуана — с его дворцовой стражей. Гетман нанял фотографов, которые целыми днями разъезжали по Москве и снимали сотрудников ГАИ в профиль, чтобы потом на компьютере было проще смонтировать объятия и поцелуй.

— Гаишники возражали? — спрашивает корреспондент.

— Не то слово! — отвечает Розанович. — Ведь их пытались снять за исполнением служебных обязанностей, а это мешает работе и вообще действует на нервы. У нас и так постоянно увеличивается нагрузка, теперь еще и за ремнем безопасности надо следить... И потом, сама по себе выбранная тема... Она, конечно, многих шокировала.

— Скажите, а Крушин знал о том, что вы собираетесь устроить в ответ?

Розанович поправляет берет.

— Вы имеете в виду историю с наружкой?

— Да, — отвечает корреспондент.

Розанович усмехается.

— В том-то и дело, что не знал. Это ведь не было ответной акцией московской ГАИ. Все делалось на собственные средства нашей секции маринистов-баталистов при восьмой школе автовождения. Мы арендовали в разных местах Москвы десять рекламных щитов размером три на шесть и поместили на них изображение двух целующихся Гетманов на фоне Центрального Дома художника. Вы, конечно, видели?

— Мельком, — отвечает корреспондент. — Два одинаковых мужика, голые, с седой щетиной, целуются взасос, держа друг друга за ягодицы, да?

— Да-да. Но мы вовсе не мстили за цикл «целующиеся гаишники». Мы пытались отразить таким образом наше видение ситуации, сложившейся в области современного искусства. Той ситуации, когда настоящим художникам (тут Розанович чуть дергает щекой в сторону рассвета над «Тирпицем») всюду закрыта дорога, и торжествует сами знаете кто и как...

— А почему наружка простояла так недолго?

— Дело в том, что на плакате Гетманы целовались на фоне ЦДХ, а там как раз собирались строить дорогущий новый дом. Если слышали — комплекс «Апельсин». Ну и решили, что это наезд на старика Батурина. Через день было готово постановление суда — «демонтировать щиты с композицией «целующиеся Гетманы» за разжигание вражды между украинским народом». Крушин про это даже не знал. И старик Батурин, скорей всего, тоже. А вот Гетман затаил обиду. И надо же было Крушину как раз тогда сделать свой заказ...

* * *

Еще один документ — текст неизвестного автора с сайта «компромат.ру», который появился там, когда могущество Крушина было в зените:

«Скромная по современным меркам генеральская зарплата все же позволила Крушину оформить на себя через подставных лиц предприятие «ЗАО «Дорожный Сервис», зарегистрированное в Мытищах. Это солидный бизнес, напрямую связанный по специфике своего производства с деятельностью ГАИ. Вот строка из устава ЗАО:

«Дорожный Сервис» занимается строительством дорог, подъездных путей, парковок и барьерных ограждений, изготовляет и устанавливает дорожные знаки, искусственные дорожные неровности типа «лежачий полицейский», а также обеспечивает согласование и сопровождение сопутствующих проектов».

Что тут сказать? Когда генерал ГАИ подгребает под себя производство дорожных знаков, создается опасение, что на рынке в скором времени может появиться новый монополист. Но каждая монополия обречена погибнуть в собственных удушающих объятиях. Будем говорить прямо — «согласование и сопровождение» в современном русском языке означают попросту откат. Раньше фирма «Дорожный Сервис» откатывала генералу Крушину. Теперь, когда она принадлежит самому Крушину, не означает ли это, что генерал вынужден будет откатывать сам себе?»

* * *

Другая видеосъемка майора ГАИ Розановича. Теперь он не в мастерской, а на террасе своего подмосковного дома — за его спиной видна лужайка, которую окружают кусты, аккуратно подстриженные шарами и пирамидами. Два тонких женских силуэта в белом играют в бадминтон — они немного не в фокусе и кажутся от этого особенно изящными.

На Розановиче светлый клетчатый пиджак и розовая рубашка без галстука. На столике перед ним лежит раскрытая папка. Корреспондент спрашивает:

— Скажите, а Крушин когда-нибудь пытался вовлечь вас в свою... В тот темный ужас, которым он занимался?

— Нет, — отвечает Розанович. — Что вы, конечно нет. У нас были исключительно служебные отношения. Однажды, правда, он обратился ко мне не как к сотруднику ГАИ, а как к маринисту-баталисту. Он попросил нарисовать корабль, только летящий. Как бы воздушный шар на якоре. Но он, разумеется, не посвящал меня в то, что за этим скрыто.

— И вы справились?

— Было нелегко, — отвечает Розанович. — Крушин требовал делать наброски при нем и все время давал указания. Его ментальность не могла понять, что я подчиняюсь ему только как милиционер, но не как художник. Тем более что у него уже было готовое представление о картине. Явно кем-то внушенное.

— Почему вы так думаете?

— Он постоянно сверялся с какими-то конспектами. Я помню только название — «Ночные вершины», или что-то в этом роде. Только не спрашивайте, что это. Я действительно не знаю.

— А можно посмотреть, что у вас в результате получилось?

— Пожалуйста, — говорит Розанович и раскрывает папку.

Несколько манипуляций со сложенным листом мелованной бумаги, и на столе оказывается плакат формата А3, называющийся «На Воздушном Океане». На нем изображено подобие полупрозрачного облака, парящего над городской улицей. Если присмотреться, становится видно, что это голова дующего в свисток милиционера: облако выдержано в холодных голубых и зеленых тонах.

— Может показаться, что я здесь выступаю уже не как маринист-баталист, — говорит Розанович. — Но если вы посмотрите внимательно, вы увидите — колорит взят у Айвазовского.

— Скажите, а зачем Крушин заказал этот плакат?

— А у нас тогда начались проблемы из-за Гетмана, ну, из-за его монгольского цикла. То есть проблемы начались не из-за Гетмана, конечно, просто Крушин не поделил с другими генералами какой-то заказ на дорожные работы. Те стали искать, к чему прицепиться. Ну и обвинили Крушина в разжигании социальной розни между монголами и евреями. Мол, посмотрите на плакат — выходит, бедные монголы ездят на лошадях, а богатые евреи летают на самолетах. Мы, конечно, политтехнолога поменяли после этого, но Крушин тогда уже никому не верил. Поэтому за новым плакатом обратился лично ко мне.

— А кто стал вашим новым политтехнологом?

Розанович морщится. Видно, что воспоминание ему не особо приятно.

— Их потом два было. Первый... Даже не помню, как звать.

— Тоже от Пушистого?

— Конечно из гопоты, мы ж люди государевы — кто нам другого даст. Молодой такой райтер, наивный, искренний, шейка тоненькая... Поначалу он нас прямо за душу взял. Как это он написал, дайте вспомню... «Патриотизм и любовь к России в русской душе живы и часто просыпаются, но сразу обваливаются в пустоту, поскольку становится ясно, что их уже не к чему приложить — это как попытка поцеловать Марию-Антуанетту после того, как силы прогресса отрубили ей голову...» Красиво, да? Такая у политтехнологов тогда мода была, «новая искренность».

— И что, разработал он вам концепцию?

Розанович криво ухмыляется.

— Разработал. Пришел в кабинет к Крушину, я там сидел как раз, и зачитал. Смысл был такой — мол, нас, русских националистов, все время пытаются направить по ложному пути — то стравливая с монголами и евреями, то завлекая в темные пучины византизма. А русский национализм на самом деле означает очень простую вещь — чтобы поезда в России ходили по расписанию, чиновники не требовали откатов, судьи не слушали телефонных звонков, сырьевые бизнесмены не вывозили деньги в Лондон, гаишники жили на зарплату, а Рублевка сидела на Чистопольской крытой...

Корреспондент тихо смеется. Розанович тоже хмыкает и продолжает:

— Ничего так, да? Нам потом уже рассказали, что он для этой новой искренности бирманские таблетки жрал, называются «yaa baa», нечто вроде амфетамина, только на органической основе. Они вроде как влияют на дыхательный центр и придают всему, что человек придумывает в этом состоянии, сильную эмоциональную заразительность. Тогда в Москве проходила большая партия, и вся гопота работала только на них. Вот оттуда эта задушевность и пошла. Паренек, видно, до такой степени обожрался, что у него мозги спеклись.

Корреспондент спрашивает:

— И что сказал Крушин, когда это услышал?

— Ничего не сказал, — отвечает Розанович. — Поиграл желваками на скулах, потом сломал черепаховый нож для бумаг и вышел из кабинета. Ну и мы гуськом пошли за ним. Интересные таблетки, да?

— Больше вы с этим политтехнологом не работали?

Розанович отрицательно качает головой.

— Его, слава богу, после этого скандала поменяли. Выделили нормального специалиста, который делом занялся.

— Каким?

Розанович улыбается.

— Он нам первым делом покровительницу нашел. Святую великомученицу Георгину, умученную от нехристя. Ее в языческом цирке колесницей раздавили. В самый раз для ГАИ, верно?

— Пожалуй, — соглашается корреспондент.

— А потом, — продолжает Розанович, довольно щурясь, — придумали ввести в нашей структуре особое подразделение — багряноносцев. Для патрулирования самых важных трасс. Это такие сотрудники, которым доверено ношение георгинового банта. То есть багряного банта с портретом святой Георгины.

— А с какой целью? — спрашивает корреспондент.

— Как с какой целью? — смеется Розанович. — Ну что вы за сухарь, а? Вот представьте, над городом весна. Май. Стоит на режимной трассе постовой с багряным бантом и портретом святой Георгины. Элегантно поднимает жезл. Останавливается роскошное авто с георгиевской ленточкой, постовой вежливо отдает честь, склоняется к окошку, и происходит служебный разговор. А в это время георгиевская ленточка и георгиновый бант качаются друг напротив друга, словно бабочка и цветок, которые вот-вот окончательно срифмуются... Насчет бабочки я, конечно, утрирую как художник. Но ведь красиво... И звучит-то как, послушайте: багряноносный Святой Георгины первый линейный отряд ГИБДД города Москвы... Слышите эти раскаты багрового «эр» — прямо как у Пушкина в «Полтаве»...

Улыбка еще несколько секунд сияет на лице Розановича, а потом медленно гаснет. Он добавляет:

— Вот только Крушин всего этого уже не застал.

* * *

В бумагах Крушина найдены короткие прозаические отрывки со странным названием «Немые Вершины». Некоторые считают, что они принадлежат перу самого Крушина и являются конспектами его мрачных фантазий —

но это плохо вяжется с образом генерала. По другой версии, автором отрывков является ментор Крушина философ Дупин — и цель их в том, чтобы яркими и доходчивыми образами вдохновить почти начисто лишенного воображения генерала.

Нам трудно остановиться на какой-то из этих точек зрения. Маловероятно, чтобы подобный текст мог родиться в сознании — пусть даже воспаленном — генерала ГАИ. С другой стороны, если бы автором действительно был Дупин, тексты отличались бы большим стилистическим совершенством, и в них обязательно хоть раз встретилось бы слово «Хайдеггер». Поэтому их авторство до настоящего момента неясно. Но то, что Крушин пользовался этими записками, подтверждают воспоминания майора Розановича.

Отрывки начинаются с порядкового номера и завершаются фразой «to be continued». Судя по нумерации, их было немало; сохранились только два — номер 1 и номер 18.

«НЕМЫЕ ВЕРШИНЫ 1. Сержант Петров не помнит, как это случилось. Он даже не знает, что именно произошло. Вчера еще вокруг шумело житейское море, где были луна и солнце,

люди и деревья, надежды и страхи. Сегодня ничего подобного нет.

Теперь сержант Петров подобен воздушному шару на якорном канате. Иногда он становится шаром. Иногда — канатом. Иногда — самим якорем.

Когда он осознает себя шаром, он стремится всплыть над океаном смешанного с бензиновой гарью воздуха и улететь в прохладную пустоту космоса. Давно бы он это и сделал, когда б не канат и не якорь.

Сержант Петров начинает исследовать канат, ведущий к якорю. Для этого не надо делать ничего особого, достаточно просто вспомнить о нем, и Петров сразу же словно перетекает вниз по горлышку узкого кувшина. То, по чему он перемещается, — тоже он сам, и это очень грустно, потому что, удерживай его что-то другое, Петров давно разорвал бы канат и унесся ввысь, в черную синеву абсолютной свободы. Но нельзя разорвать путы, если они сделаны из тебя самого... И Петров послушно стекает вниз, к родной земле, которой он еще нужен, к тяжелому черному якорю, запирающему для него небеса.

Но и якорь — тоже он сам. Сержант Петров вспоминает, что именно тут его дом.

Отсюда растет волшебный цветок, который кончается бесплотным шаром, реющим над городской улицей. В детстве Петров читал журналы-комиксы. Когда герои комиксов думали, художник рисовал над ними заполненные словами облака-овалы, соединенные с головой тонкой нитью. Теперь сержант Петров стал таким овалом сам: его тело внизу, а мысли парят в прозрачном облаке, высоко над потоком машин.

Вот только тело Петрова сильно изменилось. Раньше это был неуклюжий механизм, сделанный из мяса и обреченный на скорую смерть. А новое тело сержанта Петрова подобно скале. Оно способно выдержать давление вечности. Ему не страшно ничего, даже атомная атака. И если у души должны быть якорь и дом, то пусть уж лучше будут такие... — to be continued».

* * *

Попавшие в печать сведения о персональном крематории генерала Крушина имеют примерно такую же природу, как слухи о личном крематории Лаврентия Берии в доме на бывшей улице Качалова.

«Вон труба какая, — размышляет народ, — что там еще может быть? Понятно, крематорий».

Подобный ход мыслей весьма лестен для властей — он подразумевает, что руководство даже дома думает только о работе. Это, конечно, отзвук официозного лицемерия советских времен — все-таки номенклатура работает, чтобы жить, а не наоборот.

Высокая башня, за которой закрепилась слава крематория, возведенного Крушиным в своем подмосковном замке, действительно похожа на выложенную из камней трубу огромных размеров. Но это не труба, а именно башня с лифтом, на верхушке которой находится уединенная комната для медитаций и раздумий (дом Крушина эклектичен; считается, что его архитектурными прототипами послужили некоторые постройки XII—XIV веков, расположенные возле города Альби в южнофранцузском департаменте Тарн; сам Крушин вряд ли был знаком с историей альбигойских сект, но его ментор Дупин несомненно). Если бы эта башня действительно служила «трубой», как писали газеты, в крематории Крушина можно было бы сжигать слонов, причем в промышленных масштабах.

И все же личный крематорий у Крушина действительно имелся. Это было довольно компактное устройство, попросту автомобильный прицеп, официально (и лицемерно) называющийся «передвижной блок сжигания трупов павших животных» — военная разработка, предназначенная для быстрого уничтожения жертв бактериологического удара. Это вполне хайтековское отечественное изделие, оборудованное не только камерой сжигания, но и так называемой «камерой дожигания», не позволяющей продуктам распада вырываться в атмосферу; мощные горелки прожигают мертвую биомассу насквозь и быстро превращают ее в горку легкого пепла.

Каким образом Крушин заполучил кремационный блок в собственность, неизвестно, но, как нам отчего-то кажется, генерал из ГАИ без труда найдет общий язык с военными — тем более что ходили слухи о совместном бизнесе Минобороны и ЗАО «Дорожный Сервис», а дыма без огня не бывает.

Впрочем, применительно к крематориям эта поговорка звучит плоско. Особенно если речь идет о современных мобильных крематориях отечественного производства, где бывает только ревущий белый огонь, и никакого дыма вообще.

* * *

Бывший главный инженер «ЗАО «Дорожный Сервис» чувствует себя перед камерой не в своей тарелке. Это бородатый мужчина в синем рабочем комбинезоне и оранжевой каске. У него много дел — рассказывая, он поглядывает на часы. Несколько раз за время разговора начинает звонить телефон. Каждый раз инженер смотрит на экранчик, морщится и выключает звонок.

— Да, я действительно работал в «Дорожном Сервисе», когда его владельцем стал Крушин. Ну, или не владельцем — не знаю, как это было оформлено юридически. Но все решения принимал именно он. И вы знаете, у меня быстро сложилось ощущение, что у него не все в порядке с головой.

— Почему? — спрашивает корреспондент.

— Понимаете, он пытался влиять на технологические вопросы, несмотря на полную некомпетентность в этой области. И требовал, чтобы его распоряжения выполнялись безоговорочно.

— В этом был какой-нибудь смысл с точки зрения бизнеса?

— Нет, — отвечает главный инженер. — Что

и удивительно. Обычно руководство, как бы это сказать, старается сделать что-нибудь рациональное — например, сузить дорогу сантиметров на десять, а деньги поделить. Или как-нибудь еще сэкономить. А Крушин занимался, можно сказать, дурной любительщиной, совершенно бессмысленной и безграмотной. Никакой материальной прибыли это не приносило, наоборот — отвлекало людей и сильно осложняло работу.

— Это касалось всего спектра вашей деятельности?

— К счастью, нет. Он интересовался только производством ИДН.

— Простите, чего?

— Искусственных дорожных неровностей, которые еще называют «лежачими полицейскими». Знаете, когда-то их делали достаточно произвольной формы — кое-как, просто из асфальта. А теперь стали отливать из резины по строго утвержденным габаритам. Так вот, он требовал, чтобы мы добавляли в резину какой-то... Даже не знаю, какую-то серую пыль. Он говорил, что это особая японская добавка, которая повышает экологичность изделия. Представляете? Какая, спрашивается, экологичность у литой резины?

Главный инженер стучит костяшками пальцев по каске, производя сухой и отрывистый звук.

— Причем, — продолжает он, — когда мы смирились с его идиотизмом и стали приспосабливаться, это оказалось непросто. Его ведь дурили на каждом шагу — эта его японская экологическая добавка была на самом деле никакая не японская, просто какие-то пережженные кости, может, удобрение или что-то в этом роде. Поступала в таких пластиковых ведерках килограмма по полтора-два, причем в каждой упаковке различались и вес, и цвет порошка, и даже его консистенция. В Японии так не делают. Мы хотели смешивать эту его добавку с остальными ингредиентами при подготовке резиновой массы, но Крушин настоял, чтобы содержимое каждого такого ведерка примешивалось исключительно к резине, идущей на изготовление одного «дорожного полицейского». Одна капсула — один полицейский. И никак иначе. «Для придания экологии», как он выражался, и баста. Можете представить, насколько это затрудняло производство? Слава богу, объемы были небольшие — а то бы мы просто встали!

— Стоило ли выполнять его распоряжения

так буквально? — спрашивает корреспондент. — Видите, начальство чудит — сказали бы «так точно» да и работали бы как обычно.

Инженер усмехается.

— Мы бы, может, так и сделали. Только он прислал специального человека контролировать процесс. Такого, знаете, маленького бородача в черной косоворотке, даже непонятно — то ли духовное лицо, то ли бандит. Так и работали — остановим линию, этот хмырь засыпет порошок, чем-то брызнет из бутылочки, побормочет немного — наверно, экологический эффект подсчитывал, хе-хе, — и опять включаем. Матерились, конечно. Но что сделаешь — капитализм.

* * *

Второй сохранившийся отрывок из цикла «Немые Вершины» звучит так же напыщенно, как и первый. Однако он значительно короче, и в нем есть одно отличие, еле заметная деталь, которую с первого взгляда можно пропустить. Разница в некоторой неуверенности тона, картонной фальшивости последних строк, троекратном повторении слова «волшебный». Кажется, автор не вполне представляет, о чем писать дальше — либо из-за отсутствия информации, либо потому, что ничего не приходит в голову. Просим читателя обратить на это внимание: тема получит продолжение.

«НЕМЫЕ ВЕРШИНЫ 18. Покидая свою плоскую черную раковину, сержант Петров легко взмывает над потоком транспорта и поднимается в небо — так высоко, как только позволяет его незримая пуповина. Никто из людей, сидящих в машинах или бегущих куда-то по тротуару, не поднимает голову — дела у горожан простые, земные, и глядеть они привыкли себе под ноги. Впрочем, посмотри они вверх, они не увидели бы ничего, ибо духовные очи у телесного человека закрыты до мига смерти. А у сержанта Петрова они открыты. Это оттого, что сержант Петров теперь мертв.

Но раз он видит и чувствует, он все-таки жив.

Только жив он не так, как прохожие вокруг. Они недосягаемы для вечного; он же неприступен для суеты. Он даже не помнит, каким был раньше — в памяти остался только суровый и простой шаг к новой жизни.

Этот шаг он сделал не сам — помогли мудрые и сильные друзья, оставшиеся пока на земле; и по милосердию своему они устроили переход несложным. Теперь сержант Петров понемногу прозревает великий замысел, частью которого он стал. Поднимаясь высоко над дорогой, он чует над крышами присутствие таких же, как он. И далеко, далеко по городу раскинута сеть волшебных якорей, сплетаются они в волшебный и полный тайного смысла узор. И скоро уже сержант Петров узнает его силу и тайну, совсем скоро — в волшебной мозаике осталось всего несколько пустых клеток. И теперь к развязке приближает каждый день... to be continued».

* * *

Союз Эроса с Танатосом в деле Крушина («любовник п-ца», как выразился один комментатор) был бы хорошим поводом лишний раз сравнить генерала с Жилем де Ре, который сжигал использованных пажей в камине. Но слухи сильно преувеличены. Танатос в этой истории действительно присутствует, и в изрядных количествах. А вот Эроса рядом, что называется, не стояло. Генерал не был «сексуальным маньяком промышленных масштабов», как его уважительно называли журналисты. Больше того, он даже не был на самом деле геем — хотя такая слава среди сотрудников ГАИ ходила о нем не один год.

Основания у подобных слухов имелись. Однако генералу можно атрибутировать гомосексуальность лишь в том смысле, в котором глубоководная рыба-удильщик, привлекающая жертв горящим между глаз огоньком, может быть названа осветителем подводного мира.

Вот показания одного из офицеров ГАИ, личность которого сохранена в тайне. Он сидит в большой комнате, похожей на гостиную; его голос изменен, а лицо зачернено при монтаже. Перед ним стол, на котором стоит ваза с фруктами; на соседнем стуле висит китель с большим пурпурным бантом, в центре которого круглый значок с женским профилем (если это не дополнительная конспиративная уловка, перед нами сотрудник линейного отряда багряноносцев святой Георгины). На стене — большой ковер-килим, рисунок на котором шутливо повторяет герб Москвы: грозный всадник протягивает шест с огромной пробиркой черно-зеленому дракону со знаком доллара на спине; зверь, с отвращением задрав морду, пускает в пробирку сизый дым из пасти.

— Знаете, — говорит офицер, — у нас к геям было, в общем, терпимое отношение. Не то чтобы мы прямо так одобряли, нет. Скорее, как в американской армии — «не говори и не спрашивай». Но про Крушина все знали. И не просто знали — многие, прямо скажу, на это с самого начала и ориентировались.

— Что вы имеете в виду?

— Ну, все знали, что ему нравится такая, как бы сказать, желтоволосая Русь. Крепкие коренастые ребята, желательно спортсмены. И еще без близких родственников. И ходил упорный слух, что достаточно один раз, ну, понимаете, повстречаться с Крушиным у него на даче, и сразу получишь перевод в хорошее место. Прямо в Сочи, и даже квартиру служебную дадут. И вроде бы так оно и выходило: поедет пара пацанов к нему на выходных, а в понедельник уже приказ — отчислить такого-то и такого-то в связи с переводом на новое место службы в город Сочи, и никто их больше не видит. Пару раз в приказе Адлер был, один раз Анапа. Вот так он за четыре года сто восемьдесят человек перевел. Потом стали кого-то из них в Сочи искать, потому что он кредит не вернул. И не нашли. А дальше вы, наверно, слышали...

* * *

Цифра «сто восемьдесят» примерно совпадает с количеством комплектов милицейской формы, найденных при обыске загородного дома Крушина – трудно понять, зачем он их сохранял. Мы не будем лишний раз перечислять обнаруженные драгоценности, наличность, коллекционное оружие, плазменные панели и прочие мещанские радости – материалов об этой стороне дела было в открытых источниках достаточно. Наибольший интерес для нас представляет пространный отчет о сауне, оборудованной в подвальном этаже.

Основной объем этого документа занимает истекающее слюной описание комнаты отдыха – «роскошной» мраморной залы в античном духе, украшенной, помимо мозаики с изображением танцующих фавнов, бюстами Тиберия и Никиты Михалкова. Вскользь упоминается помещение для гидромассажа, отделенное от остального пространства выдвижной герметичной перегородкой. Кнопка управления перегородкой была спрятана за бюстом Тиберия.

Сообщалось, что в стенах гидромассажного кабинета обнаружили какие-то странные сопла, не соединенные с водопроводом. Их назначение не разъяснялось; было только указано, что всю технику поставила австрийская фирма «HDG».

Эта фирма действительно производит крайне дорогое и замысловатое оборудование класса luxury; гидромассажные стойки «HDG» оснащаются форсунками, предназначенными, как сказано в рекламной брошюре, «для разбрызгивания ароматических веществ, превращающих массаж в нечто большее». Не надо быть следователем по особо важным делам, чтобы догадаться — разбрызгивать из такого устройства можно не только ароматические вещества, но и любые другие, например, усыпляющие. Особенно за герметично закрытой дверью.

Еще одна любопытная деталь: из сауны ведут две двери — одна внутрь здания, а вторая во двор. Именно там, во дворе, всего в десяти метрах от выхода, и стоял передвижной кремационный блок.

* * *

Хоть Дупин по всем признакам был главным вдохновителем и ментором генерала, его роль никак документально не подтверждена. Не сохранилось ни одной улики, которая позволила бы предъявить ему обвинение или хотя бы просто связать его с делом Крушина. Все свидетельства о его роли в этой истории начинаются со слов: «говорят», «по слухам» —

но попытки проследить, от кого исходят слухи, не кончаются ничем. Сам Дупин признает знакомство с генералом, но отрицает, что ему было известно о его некромантической деятельности.

Поэтому дальше мы встаем на зыбкую почву ничем не подкрепленных сплетен, источник которых неизвестен — или, что то же самое, у которых сразу несколько параллельных источников. Тем не менее эти слухи позволяют многое объяснить. Да и потом, не бывает дыма без огня — хоть огонь без дыма иногда действительно кое-где встречается.

Вот что говорит в коротком видеоинтервью известный русский философ Константин Голгофский, симпатичный рыжебородый хоббит в монгольской рубахе навыпуск (он сидит в полулотосе на кованом сундуке; над его головой германский военный плакат начала XX века «Боже, покарай Англию!» — когда камера дает на плакат сильный зум, становится виден обширный реестр имен собственных, вручную приписанных под «покарай»).

— Вы знаете, — Голгофский слегка покачивается из стороны в сторону, — я ничего не могу доказать, поэтому не буду называть имен. Но я слышал, что духовный наставник Крушина —

назовем его «Д.» — сам толком не понимал, чем все это должно закончиться. У него имелось, как бы сказать, чувство направления, общего потока — но оно носило скорее поэтический характер. Знаете, творческий человек, геополитик, метафизик. Очаровал Крушина, вдохновил его горячими словами, а сам, наверно, думал — как-нибудь пасьянс да и сойдется: вот начнем, втянемся, а там видно будет. Глядишь, и осенит. Но не осенило...

— А известно хоть, в каком направлении работала его мысль? — спрашивает корреспондент.

— Да, — отвечает Голгофский, — в эзотерических кругах ходили кое-какие слухи. Опять-таки, я ничего не утверждаю наверняка. Вроде бы он собирался продублировать с помощью некромодулей одно руническое предсказание про будущее Гардарики — так на древнем Севере называли наши территории. Придумали специальную схему, как выкладывать руны с помощью расположенных на соседних улицах и переулках «лежачих полицейских». Работали по GPS и «Гугл-мэпс». Успели установить около ста штук, в основном на всяких тихих улочках, чтоб не сильно мешать движению. А потом эту руническую надпись наконец правильно перевели — и выяснилось, что она... Ну, смысл у нее совсем другой, чем думали. А тут еще проблемы с балтийским газопроводом. В общем, Д. разочаровался в северном векторе и стал думать об азиатском направлении. Был в постоянном поиске.

— А как к этому относился Крушин?

— Крушин тогда уже чувствовал, что вокруг сжимается кольцо, и все время его торопил — мол, быстрее давай придумывай, уже в Сочи проверку послали... Тогда у Д. возникла мысль выложить из некромодулей классический круг из восьми китайских триграмм «Ба гуа». Опять сделали схему по «Гугл мэпс», подкорректировали знаки на двух или трех улицах, в одном месте поменяли двустороннее движение на одностороннее. Начали устанавливать некромодули, а потом...

Неподалеку тихо звенит колокольчик, и Голгофский, мгновенно позабыв об интервью, закрывает глаза. На его лице изображается крайняя сосредоточенность. Проходит с полминуты. Корреспондент повторяет:

— А потом, Константин Параклетович?

Голгофский открывает глаза и как ни в чем не бывало продолжает:

— Потом Д. услышал по «Эху Москвы», что

Китай и Америка уже слились в одно экономическое целое. То есть китайцы теперь по всем понятиям атлантисты. Мало того, оказалось, и мы тоже атлантисты, поскольку отдаем нефть за доллары, хотя что такое доллары, вообще никто уже не понимает. Даже те ребята в Лондоне, которые управляют всем этим делом и нашей Гардарикой заодно. Короче, выходило, что вся Евразия заблудилась, один Пиндостан дорогу знает, потому что куда он заковыляет, туда и остальные пойдут. Д. был настолько этим потрясен, что ушел в запой. А когда он из него вышел, Крушина уже не было... Про обстоятельства вы знаете, конечно. Ну что дальше... Д. погоревал, даже написал, говорят, короткую эпитафию. Потом понемногу успокоился и переключился на Балканский вопрос.

* * *

Обстоятельства, сопровождавшие самоубийство Крушина, известны; знаменитое прощальное видеописьмо до недавних пор можно было скачать в интернете, но сейчас его почему-то трудно найти. Ходили слухи, что предсмертную записку, которую Крушин читает перед камерой, для него в свое время написал

Дупин — чтобы подопечный был в любой миг готов к доблестной самурайской смерти. Но это тоже не доказано.

Видеописьмо занимает около сорока секунд. На Крушине тот самый белый китель, в котором он снялся в агитационном ролике; генерал бледен и собран. Перед ним лежит лист бумаги с коротким рукописным текстом, в который он, не отрываясь, глядит (шпаргалку потом так и не сумели найти). Он монотонно и очень спокойно читает:

— Земные дни завораживают нас, чаруют, и мы забываем, к чему они повернуты своим запределом. Но Хайдеггер (генерал произносит это слово с некоторым фрикативным усилием, примерно как «хай-да-хер») говорит, что жизнь есть бытие к смерти...

Генерал делает короткую паузу и поднимает глаза на зрителя. У него тяжелый взгляд; когда обрезанная версия ролика висела на «You Tube», один из комментаторов сравнил его с наведенной на зрителя двустволкой. Крушин опускает глаза в бумажку и читает дальше:

— Бытие к смерти. Два слова. Мы слышим только первое из них, а потом наступает момент, когда судьба властно произносит второе. И остается единственный акт, достойный мужчины и воина, достигшего последней свободы на пике духа: превратить бытие, развернутое к смерти, в смерть, развернутую к бытию. Вот как-то так...

Дочитав, генерал естественным и начисто лишенным пафоса движением подносит к виску служебный «макаров» и нажимает на спуск. «Ютубовская» версия обрывается за секунду до выстрела; на других серверах можно было найти вариант, где виден выстрел, рывок головы и удар кровяного сгустка в стену. Генералу удалось сохранить спокойное выражение лица и после смерти.

* * *

Тело Крушина было кремировано, а прах в установленном порядке выдан родственникам. В это время расследование чудовищных экспериментов генерала как раз набирало обороты — но, хоть дело Крушина и попало в самый эпицентр компетентного внимания, о его прахе просто забыли. И зря — с ним происходили любопытные вещи.

Генерал завещал передать его пепел для захоронения «товарищам по службе». Родственники (две сестры и двоюродный брат), занятые дележом наследства, были не особо склонны проверять личность человека, обратившегося к ним за урной, поскольку это было просто пластиковое ведерко с мусором, совершенно точно не обладающее никакой ценностью и не нужное никому из них. Родственники даже не запомнили приехавшего за контейнером курьера — одной из женщин показалось, что у него была борода, другая говорила про бакенбарды и поднятый воротник.

Вскоре Мытищинское «ЗАО «Дорожный Сервис» отгрузило последнюю партию «экологических» дорожных полицейских.

— Даже после смерти Крушина этот идиотизм некоторое время продолжался, — вспоминает главный инженер. — Приходил тот же самый бородатый молчун в черной косоворотке под пиджаком. От него еще перегаром несло страшно, но с работой справлялся. Я, кстати, много раз хотел его спросить насчет косовороток — то ли он в одной и той же все время ходит, то ли у него их много одинаковых, хе-хе...

— Он спьяну ничего не рассказывал? — спрашивает корреспондент.

— Нет, — говорит инженер. — Только напевал.

— А что напевал?

— Да что-то такое классическое... «Любимый Мордор в серой дымке тает...» Приятный такой баритон, хотя слова он, по-моему, перевирал, там на самом деле не так.

— Когда он приходил в последний раз?

Инженер несколько секунд думает.

— Примерно через месяц после того, как Крушина не стало. У него осталась одна банка японского порошка. Мы отлили изделие, присоединили концевые элементы, наклеили светоотражающую пленку, все как положено, а на следующий день всю партию «лежачих полицейских» увезли в неизвестном направлении. Где их ставили, нам никто не говорил. Еще через неделю было собрание акционеров и смена владельца, и больше про эту серую пыль нам не напоминали. И бородача этого в косоворотке тоже как ветром сдуло. А потом нам стали поджимать зарплату, и я ушел в другое место...

* * *

Несмотря на все предосторожности следственной бригады, информация о том, что в действительности представляют собой московские «лежачие полицейские», просочилась в СМИ примерно через полгода после смерти

Крушина. Эти сообщения не были официально подтверждены, но не были и опровергнуты. Однако ажиотажа вокруг них не возникло.

Больше того, самое поразительное, что многие люди, имевшие прямое отношение к событиям, даже не заметили медийного эха этой истории (пример — главный инженер ЗАО «Дорожный Сервис», который, похоже, до сих пор остается в неведении относительно настоящей природы «японской экологической добавки»).

Такое тотальное отсутствие интереса может показаться странным только в том случае, если рассматривать историю Крушина отдельно от собственной жизни медиапространства. Но если мы вспомним, что представляет собой это самое медиапространство, всеобщее равнодушие к делу генерала перестает казаться «заговором молчания». Скорее мы имеем дело с естественной атрофией общественного внимания, перевозбужденного рекламными и информационными раздражителями.

В самом деле, ведь чем заняты современные СМИ? Они или промывают нам мозги по политическому заказу (правда, в данном случае эта составляющая отсутствует), или стараются разместить в нашем сознании психические вирусы, которые заставят нас покупать всякую ненужную нам дрянь. И озабочены медийщики, по существу, только одним — издать как можно более пронзительный визг, чтобы хоть на несколько секунд завладеть человеческим вниманием и успеть загрузить в чужую память проплаченный разной сволочью вредоносный код. Неудивительно, что любое сообщение о действительно жутком событии просто потеряется в водоворотах этой желтой пены.

Вот как выглядели заголовки о деле Крушина в общемедийном контексте той недели, когда информация о деле генерала еще могла считаться «новостью» и «событием» (для полноты картины читатель может сам домыслить выскакивающие из-под строчек поп-апы, призывающие купить «Мерседес» S-класса или ознакомиться со «скандальной фотосессией первой красавицы»):

16 мая

— Медсестры заклеивали брошенным младенцам рты

— Застрелившийся милиционер сжигал коллег в печурке

— Тайна кладбища секс-рабынь: главный сутенер убил и закопал в лесу собственную дочь

17 мая

— Девочка, икавшая 38 дней, успокоилась с приходом весны

— Мышь из штата Мэн похитила вставную челюсть

— Гомосексуалистов из ГАИ ждало огненное погребение

18 мая

— Женщин привлекает запах огурцов

— «Лежачие полицейские» сделаны из человеческого праха

— Генерал-самоубийца любил желтоволосых парней

19 мая

— Геев и лесбиянок поженят под водой

— В суд передано дело педофила-олигофрена, орудовавшего на территории Кремля

— Пепел ГАИ стучит в твои шины

20 мая

— Четырнадцатилетние школьницы рожали в туалете

— Король проституток Гамбурга повесился в подвале пивной

— Милицейский генерал занимался некромантией в служебном кабинете

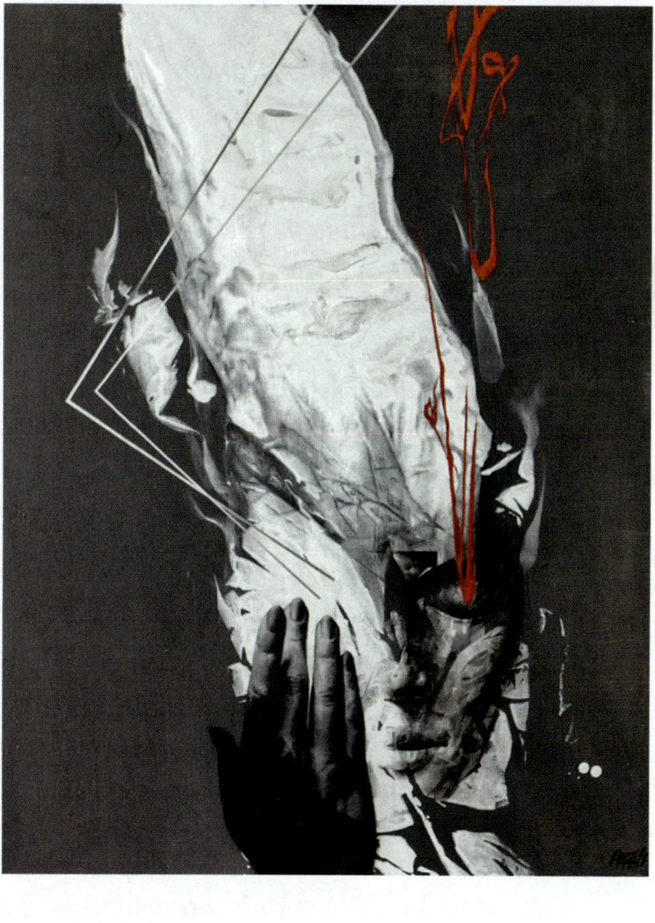

Иллюстрация Invoker Edgar

Иллюстрация Павла Лаптева

21 мая

— Ганноверские полицейские три часа гнались за беременной коровой

— 180 геев из ГАИ пропало без вести в Сочи

— Козлы спасли непальский «Боинг» от гнева божества

Мы видим, что даже два поставленных рядом заголовка, посвященных делу Крушина, совершенно тушуются на этом ярком и жизнеутверждающем фоне.

Интересно, что автор исследования «Серийные убийства в новой России и их отражение в массмедиа» (по которому мы и цитируем) замечает после этой подборки: «Сколько унылых столетий, заполненных «борьбой за народное счастье», русский человек мечтал, что в России наступит когда-нибудь золотой век — вот только не понимал, каким он будет. А посмотришь на эти заголовки, и думаешь — может, он уже наступил, а мы просто еще не успели понять?»

* * *

Однако кое-какое эхо у дела Крушина все-таки было.

Например, в «Живом Журнале» долгое время шла полемика между криминально-литературными авторитетами «psyche_berta» и «anima_nuska», близкими, соответственно, к «Единой России» и «Блоку Юлии Тимошенко» (некоторые считают этих юзеров «мурзилаками», то есть виртуалами Константина Голгофского). Суть спора сводилась к тому, может ли правильный пацан «законтачиться», коснувшись рукой «лежачего полицейского», если к последнему примешан пидорский пепел.

В дискуссии, как обычно, участвовали широкие круги интеллектуалов нового поколения, и было высказано много разных мнений, начиная от логически безупречных построений об очищающей роли огня и изолирующей функции резины и кончая репликами заблудившихся в кириллическом секторе скандинавских либертэнов: «Why does it happen that all these people who were so thoroughly and publicly soul-fucked every day since they were born are so afraid to touch someone who was allegedly fucked up the ass?» — «It's because they want to keep absolute anal virginity for their Lord, this is very important in their religion»[1]. Консен-

[1] «Отчего все эти люди, которых каждый день с момента их рождения так обстоятельно и публично имели в душу, настолько боятся прикоснуться к кому-то, кого, по слухам, имели в задницу?» — «Потому что они хотят сохранить абсолютную анальную девственность для своего Господа, это очень важно в их религии» (*англ.*).

сус был сформулирован одним молодым гопником так: «Не надо усложнять. Что лежит на земле, по тому ходи ногами, и никто с тебя не спросит». На этом спор завершился, хотя в ответвившемся треде теологи-любители еще несколько дней обсуждали, как отвечают за слова «пидарас духа» — в реале или в духе и истине.

Самым ярким из литературных произведений, вдохновленных делом генерала, следует считать напечатанную издательством «Маргинальный Ад» повесть Артура Анонимного «Много Машин» (видимо, псевдоним обыгрывает созвучие английского Arthur и «author»). Текст можно найти в интернете; смысл названия мы постараемся прояснить чуть позже.

Повесть строится на одном техническом приеме — попытке воспроизвести поток сознания посмертного астрального пузыря, или тела пепла, которое привязано к запеченному в «лежачем полицейском» праху.

Смелый замысел оказался автору не совсем по плечу — тело пепла в его передаче мыслит точь-в-точь как обычный постовой. Возможно, впрочем, что это как раз гениальное прозрение в природу вещей.

Повесть начинается следующим образом: офицер ГАИ осознает себя в новом качестве и понимает — с ним произошло что-то жуткое. Он не видит и не слышит, но все же воспринимает мир неким странным новым способом. Сначала он думает, что стал жертвой ДТП и лежит в больнице. Потом он ощущает вокруг улицу и поток машин. Но он осознает окружающее как-то спорадически, вспышками. Время от времени что-то его бьет, и тогда он вспоминает мир вокруг, видит небо и близкий асфальт, чувствует бензиновую гарь и думает о жизни. Чем сильнее удар колес, тем ярче осознание. Потом восприятие гаснет — до следующего удара. Постепенно герой понимает, что он теперь «лежачий полицейский», и рядом с ним — такие же пузыри зыбкого осознания...

Здесь бы автору соблюсти меру и остановиться, но отчего-то современные писатели больше всего на свете боятся прослыть реалистами, и вот мы видим целое пиршество незрелого подросткового воображения: в фундаментах окрестных домов оказываются строители, в валяющихся на асфальте монетах — банкиры... Да-да, конечно, а как же еще. Знаем.

Музыкальным отзвуком дела Крушина можно считать пошловатый клип, пародирующий известную песню группы «Крематорий» (sic!) — «мусорный пидор, дым из трубы, плач природы, смех сатаны...». Эта пародия неудачна сразу по многим причинам — но достаточно указать на то, что современные передвижные кремационные блоки отечественного производства работают бездымно.

Известна реакция отдельных церковных иерархов на попытки относиться к «лежачим полицейским» как к человеческим захоронениям (были случаи, когда на них наносили знак креста и ставили рядом зажженные свечи). Эти действия обычно осуждались как ошибочные — хотя иногда уточнялось, что «не благословляется возжигать свечи, купленные не в храме». Кроме того, некоторые священники осуждали в проповеди использование применительно к искусственным дорожным неровностям таких выражений как «могилка мента» и «мусорок-пидарас» — но это, как правило, происходило в контексте борьбы с дурнословием.

За границей несколько информационных агентств кратко пересказали историю Крушина, но, поскольку жертвы генерала вряд ли были до конца искренни в своей гомосексуальности, серьезного международного резонанса дело не получило.

* * *

Где находится «лежачий полицейский» с прахом самого Крушина, точно неизвестно — это может быть любое из более чем ста мест, где искусственные дорожные неровности устанавливались или менялись через месяц-два после его смерти. В практическом смысле такая неопределенность сродни другому виду похорон — когда пепел отдают воде или ветру.

Что еще добавить к нашему рассказу?

Когда все уже позабыли про эту историю, Гойда Орестович Пушистый вдруг стрельнул из «Русского Журнала» язвительной статьей о том, как опасно, когда у каждого генерала в стране появляется свой Гаусгоффер (так звали оккультного дядьку нацизма), пытающийся, как обезьяна, имитировать сакральные действия с рунами и триграммами, не имея никакого понятия об их внутренней сути. Дупин ответил на своем сайте, что там, где пролез один пушистый, трем гаусгофферам делать нечего. Пушистый надменно предложил выяснить, у кого длиннее ресурс; Дупин промолчал, что было воспринято зрителями как принятие позы покорности — а люди, незнакомые с изнанкой московской интеллектуальной полемики, решили, что имел место обычный обмен оскорблениями с гомоэротической компонентой, подсвеченной компаративно-фаллическими коннотациями. «А город подумал, а город подумал, ученья идут», как пело радио на заре наших дней.

Возможно, впрочем, что Дупин все же огрызнулся — но очень осторожно, так, чтобы видел только его ближний круг. Мы говорим про отрывок «НЕМЫЕ ВЕРШИНЫ 22», появившийся на сайте «компромат.ру» в разделе, посвященном Крушину (это, быть может, и есть та самая эпитафия, о которой упомянул философ Голгофский). Отрывок совсем короткий, но нельзя не заметить его смысловую связь с повестью «Много Машин», название которой выявляет здесь свой тайный смысл.

Логично предположить, что у повести и отрывка один и тот же author (стилистика весьма похожа) — но, к сожалению, «Немые Вершины» слишком коротки для полноценной текстологической экспертизы:

«НЕМЫЕ ВЕРШИНЫ 22. Спит генерал суровым воинским сном; спит незримая его армия. Утром будит их шорох покрышек, рывками вбивая в сознание свежий ветер, новый день.

Поначалу в бледном небе пролетает совсем мало машин — их сонные шоферы невнимательны, и удары быстрых колес сильны, отчего крепок и ясен мир вокруг, и хочется верить, хочется думать и быть.

Тогда выходит из черной скорлупы облако с желтым вихром и всплывает над асфальтовым простором в прозрачном и бездымном воздухе раннего утра.

И так хорошо это утро... Пропитывается им прозрачная голова и начинает мечтать о несбыточном — что все еще образуется, отступят от наших стен лютые вороги, народится урожай, найдутся новые нефть и злато — и мы вдруг поймем, кто мы такие, зачем живем, зачем с нами было все то, что было, и зачем оно скоро повторится опять. Вот-вот все поймем, осмыслим, сделаем наконец Гойде Орестовичу правильный заказ, и умелый Макарка Гетман пошьет нам просторную новую душу.

И много о чем еще мечтает пузырь желтоволосой головы в розовом луче рассвета, забыв на минуту, что на самом деле уж давно его усыпили, сожгли и забили пепел в черную резину.

Но все больше машин внизу, все медленнее их колеса, все слабее удары, все тусклее мир.

И вот постепенно меркнет свет, загущается гарь бензина, и тихо уползает ослепшая душа в свою плоскую черную кобуру...

Много машин. Слишком много машин вокруг, чтобы увидеть мир как он есть, понять судьбу, решить, как быть дальше. Слишком густа вода времени. Медленно, медленно течет. Много... Много машин... Слишком много машин... — the end».

Пространство Фридмана

Значительная часть современной массовой культуры работает по схеме, которую в профессиональных кругах называют «мельница-3»: небогатые люди продают совсем бедным свои фантазии о жизни богатых, очень богатых и сказочно богатых. Иногда эта схема разнообразится какой-нибудь яркой деталью: небогатый человек демонстрирует желтой прессе свой домик на Рублевке или выдает нагора какую-нибудь случайно подсмотренную примету олигархического быта (вроде сакраментальной фразы «как похорошела столица Чукотки», которую олигархи произносят по прибытии в Лондон).

Этот вполне закономерный и даже по-своему красивый механизм обладает, однако, одной опасной особенностью — нередко сами богачи стремятся узнать, как они живут, изучая размышления на этот счет людей если и не совсем нищих, то достаточно близких к этому состоянию. Только этим можно объяснить вавилонскую архитектуру рублевских особняков и устрашающее количество стоящих в московских пробках «Майбахов».

Так существует ли действительно надежный и научно достоверный способ заглянуть в мир сверхбогатых?

На этот вопрос мы даем уверенный утвердительный ответ.

Но начать рассказ придется издалека, вернувшись в девяностые годы прошлого века. Именно тогда Чингизу Каратаеву, энергичному деятелю эпохи первоначального накопления (помимо бизнеса увлекавшемуся космическими эпопеями братьев Стругацких), пришла в голову неожиданная мысль — о том, что существующая почти во всех языках поговорка «деньги липнут к деньгам» имеет самый буквальный смысл.

Проверить подобную идею в те безумные годы было просто. Каратаев взял большую сумку, сложил в нее триста тысяч долларов наличными и, отпустив чеченскую охрану, принялся бродить по городу. Его предположение заключалось в том, что большая сумма наличности, которую он несет с собой, каким-то образом притянет к себе другие деньги. Он провел на московских улицах около трех часов. За это время он обнаружил два кошелька — в одном было несколько тысяч рублей, в другом четыре стодолларовые бумажки. Кроме этого, Каратаев нашел золотое кольцо с топазом и школьный портфель с альбомом марок, в котором, как выяснилось позже, было две редких британских колонии «Straits Settlements». Общая сумма улова составила около трех тысяч долларов — деньги, конечно, небольшие, но явно выходящие за границы статистически вероятной находки при недолгой прогулке по Москве.

Через два дня Каратаев повторил эксперимент, положив в сумку пятьсот тысяч долларов. В этот раз результат был намного внушительнее — кроме кошельков, монет и ювелирной бижутерии Каратаев нашел пластиковый пакет с сорока тысячами долларов, спрятанный под лавкой на Гоголевском бульваре (на купюрах была светящаяся в ультрафиолете надпись «взятка», но это, понятное дело, не меняло сути события).

Странное и даже абсурдное предположение было подтверждено на практике. Это напугало самого Каратаева, и он решил разобраться, что же произошло в действительности.

Через несколько дней он нашел в подмосковном Долгопрудном профессора Поташинского — впавшего в нищету физика-теоретика, который в прежние времена работал на одну из закрытых космических программ. Отмыв и накормив профессора, Каратаев рассказал о случившемся и первым делом потребовал объяснить, почему никто раньше не замечал этого эффекта. Профессор ответил, что, с точки зрения экспериментальной науки, все просто: при перевозке большой суммы денег нормальный человек будет думать только о том, чтобы быстрее доставить ее в пункт назначения по максимально безопасному маршруту, и вряд ли станет испытывать судьбу, бродя по темным аллеям.

— И потом, — добавил профессор, — почему это никто не замечал? А откуда тогда взялась поговорка, которую вы решили проверить?

Затем профессор прочел Каратаеву небольшую лекцию.

— Эффект, который вы открыли, Чингиз Платонович, — сказал он, — можно объяснить только по аналогии с гравитацией. Перво-наперво надо вспомнить, что деньги по своей природе являются общественным отношением и не существуют сами по себе, отдельно от людей, на поведение которых они влияют.

В данном случае это не деньги притянули к себе другие деньги. Скорее, огромный социальный магнит, которым является эта сумма, таким образом подействовал на ваше сознание, что вы стали воспринимать мир несколько иначе, чем его видят другие. Ведь это вы, а не сумка на вашем плече, обнаружили кошельки и пластиковый пакет под лавкой — именно вы! Единственный из сотен проходивших мимо людей!

Каратаев не мог не признать правоту ученого. А то, что Поташинский сказал дальше, поразило его до глубины души.

— Мы видим, — сказал профессор, — что денежные суммы ведут себя как гравитационные массы, с той разницей, что источником финансового притяжения становятся не сами деньги, а сознание их обладателя. Поведение больших гравитационных масс уже изучено современной физикой во всех подробностях, поэтому нетрудно описать все дальнейшее. Вы слышали про черные дыры?

Каратаев ответил, что имеет о них самое поверхностное представление — это, мол, звезды, сжавшиеся от собственной тяжести в крохотные невидимые точки, про которые наука ничего толком не знает.

— Совершенно верно, — ответил профессор. — Вблизи черной дыры искажаются все известные нам свойства пространства и времени. Но кое-что мы все-таки знаем. Если вы, Чингиз Платонович, будете падать на черную дыру, то для вас самого все закончится довольно быстро — ваше тело пересечет горизонт событий, за который не может вырваться даже свет, а потом будет всосано в сингулярность в разорванном на частицы виде. Но для внешнего наблюдателя это будет выглядеть так, как если бы вы приблизились к границе черной дыры и застыли там навсегда. С точки зрения внешнего наблюдателя вы никогда не пересечете эту границу — ваше время как бы остановится. Этот парадокс невозможно понять, его можно только принять.

Каратаев, по воспоминаниям профессора, был одновременно вдохновлен и напуган услышанным.

— Ну что ж, — сказал он, — тогда продолжим эксперименты.

Для начала решено было проверить, как будет меняться субъективное время Чингиза Каратаева при увеличении суммы до миллиона долларов. Наличность была разбита по двум одинаковым красным сумкам «Пума», ремни которых скрестились на груди предпринимателя наподобие пулеметных лент (это было сделано не только для удобства транспортировки, но и для равномерного распределения финансовой гравитации). Профессор Поташинский повесил на грудь Каратаева электронный хронометр, взятый им в лаборатории; второй такой же хронометр, синхронизированный с первым, остался в офисе. Целью эксперимента было сравнить показания хронометров после трехчасовой прогулки Каратаева по городу. Сам Поташинский должен был идти в десяти метрах впереди, чтобы выяснить, сумеет ли он первым заметить те материальные ценности, которые притянет финансовая гравитация Каратаева.

В опыт, однако, вмешались непредвиденные обстоятельства. Когда Поташинский с Каратаевым вышли из офиса, сработала вмонтированная в урну бомба, которая убила Каратаева на месте и отбросила Поташинского в сторону, повредив профессору позвоночник. Поташинский увидел, как к трупу Каратаева подбежал человек в маске, подхватил обе сумки, закинул их в багажник стоявшей неподалеку машины и скрылся на ней.

Через несколько лет выяснилось, что напа-

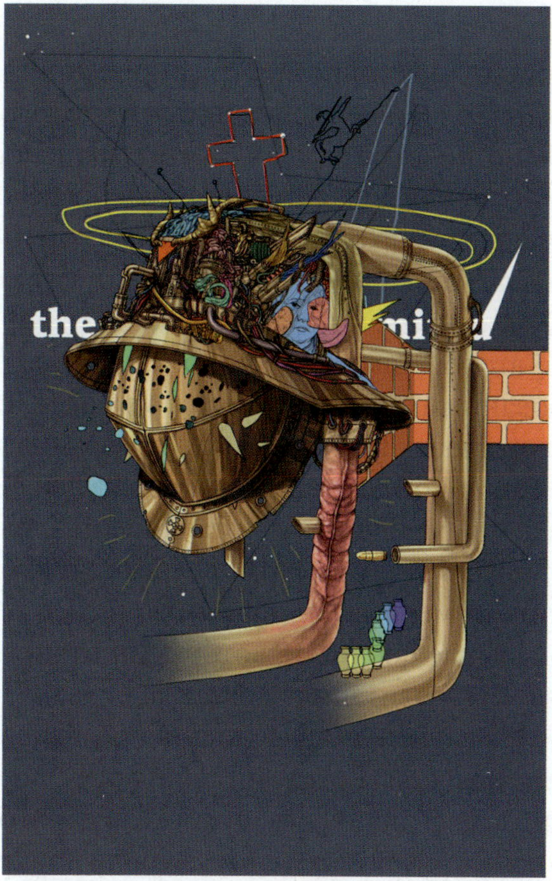

Иллюстрация Павла Лаптева

Иллюстрация Павла Чувина

дение совершил штатный киллер выборгской преступной группировки Саша «Зольдат»: бандитам стало известно, что через офис предпринимателя проходит крупная сумма наличных. Но в первые дни после трагедии подозрение пало на Поташинского.

Пока следствием занималось МВД, Поташинскому приходилось несладко: сонные московские опера никак не могли взять в толк, о чем он говорит, и даже начали подозревать, что профессор симулирует сумасшествие. Затем, в связи с серьезностью похищенной суммы, к следствию подключилось ФСБ — и там профессор неожиданно нашел очень внимательных слушателей. Делом заинтересовался сам легендарный генерал Шмыга, возглавлявший в то время 6-е главное управление ФСБ, занимающееся различной паранормальной и околонаучной тематикой — и, выйдя из больницы, Поташинский был зачислен в штат в качестве консультанта проекта, которому Шмыга дал поэтическое название «Зеленый Коридор».

В конце девяностых и начале нового тысячелетия работа по проекту шла медленно и сводилась в основном к повторению уже поставленных покойным Каратаевым опытов: денег в стране не хватало, и только крупные суммы наличности, проходившие иногда в качестве вещдоков по другим делам, позволяли кое-как продолжать исследования. Опыты ставились на молодых добровольцах из числа офицеров ФСБ, которых с легкой руки генерала Шмыги стали называть «баблонавтами». С тех пор этот термин так и прижился.

Удалось окончательно установить, что «эффект Каратаева» действительно существует, и крупные суммы денег способны вызывать трансформацию реальности. Однако выяснились два дополнительных обстоятельства. Во-первых, трансформация происходила только в том случае, если деньги, пускай на короткое время, переходили в собственность баблонавта (для временного зачисления средств на их счета была создана специальная схема, на которой мы не будем останавливаться). Во-вторых, все изменения затрагивали только внутреннее измерение баблонавта и никак не фиксировались физическими приборами. В опыте, во время которого погиб Каратаев, секундомеры не показали бы никакой разницы, сколько бы он ни ходил по улицам. Но Поташинский продолжал считать, что смерть предпринимателя была не напрасной.

— Так уходили из жизни герои нашего детства, — сказал он в сохраненном видеозаписью мемориальном слове, — персонажи «Туманности Андромеды», «Магеллановых Облаков» и «Страны Багровых Туч». Такими были романтики, когда-то сделавшие нашу страну великой...

Поскольку скудное финансирование не позволяло ставить сколько-нибудь значительных экспериментов, Поташинский в эти годы вел напряженную теоретическую работу — и сделал несколько важнейших открытий, что называется, на кончике пера. Его выкладки до сих пор считаются некоторыми физиками чистым шарлатанством, хотя даже они соглашаются, что задействованный им математический аппарат остроумен и нетрадиционен. Сомнения вызывает попытка соединить уравнения теории относительности и квантовой механики с такой областью знания, как теория нервной перцепции. Это, по образному выражению одного из специалистов, «какой-то сплав железа с говядиной». Тем не менее выводы, к которым пришел профессор, поразительны.

Дадим слово самому Поташинскому (профессор старается изъясняться так просто, чтобы поняли даже мы с вами):

«Простая параллель с теорией черных дыр позволяет видеть, что должна существовать сумма денег, личное обладание которой приведет к подобию гравитационного коллапса, ограниченного рамками одного сознания. По аналогии с радиусом Шварцшильда, при достижении которого происходит образование черной дыры, назовем эту сумму порогом Шварцмана. Его величина может быть рассчитана на основе нестационарного решения уравнений гравитации Эйнштейна, которое предложил в 1923 году А. А. Фридман. В память о великом математике назовем загадочное измерение, в которое попадет человек, чье состояние превысит пороговую сумму, пространством Фридмана.

Нестационарность решения означает, что величина этой суммы должна заново рассчитываться каждый год на основе множества экономических показателей. Ее точное значение в настоящий момент засекречено; скажем только, что порог Шварцмана успели пересечь многие российские бизнесмены.

Расчеты показывают, что после пересечения этого порога никакой реальной информации о внутренней жизни сверхбогатого субъекта получить уже нельзя — хотя внеш-

нему наблюдателю по-прежнему будет представляться, что тот способен вступать в общение и обсуждать широкий круг тем, от футбола до бизнеса. Это сложно понять на бытовом уровне, но внешний наблюдатель будет иметь дело с релятивистской иллюзией, наподобие кажущейся остановки времени у границы черной дыры, только наоборот: в нашем случае время остановится в сознании баблонавта (американские физики называют этот эффект «концом истории»). Кроме того, все находящиеся за порогом Шварцмана баблонавты будут воспринимать одну и ту же сингулярность — пространство Фридмана одинаково для всех! Но что именно увидит попавший в него баблонавт, мы, скорей всего, никогда не сумеем узнать. И вот почему.

Сверхбогатый человек может, конечно, потерять свои деньги и вновь стать таким, как мы. Но здесь нас ждет еще один парадокс: когда его сознание вернется в обычное человеческое измерение, он при всем желании не сможет рассказать о пространстве Фридмана, потому что ничего не будет помнить сам. У баблонавта, пересекающего порог Шварцмана в обратном направлении, останется лишь так называемая «ложная память», со-

ответствующая иллюзорной траектории его жизни, зафиксированной внешними наблюдателями. Только тогда симметрия пространственно-временных континуумов будет соблюдена и ни одно из базовых уравнений Эйнштейна — Фридмана не будет нарушено. На практике это означает совершенно поразительную, чтобы не сказать пугающую, вещь. Увидеть, что происходит в пространстве Фридмана, сможет только баблонавт, находящийся там лично — и знать об этом он будет только до тех пор, пока там пребывает. Унести информацию с собой и поделиться ею с нами он не сможет никогда...»

Через несколько лет впервые появилась возможность проверить теоретические положения Поташинского. В камеру к одному бывшему олигарху, отбывающему наказание в колонии (по гуманитарным соображениям мы не называем его имени), были внедрены два подсадных исследователя, задачей которых было выяснить, что заключенный помнит о своем прошлом. Экспериментаторы вошли в доверие к бывшему олигарху, и вскоре было установлено, что у него действительно не осталось никаких воспоминаний о пространстве Фридмана — как и предсказала теория. Верным оказалось также предположение о существовании «ложной памяти»: воспоминания олигарха идеально совпадали с внешним рисунком его биографии, как ее увидел бы посторонний наблюдатель. Таким образом, одно из главных положений Поташинского было подтверждено. После этого интерес к экспериментам ученого проявило высшее руководство страны.

В те дни даже самый смелый мечтатель не мог предположить, что возможность заглянуть в пространство Фридмана все-таки появится у ученых — и появится в самое ближайшее время. Этому способствовал, конечно, рост цен на нефть. Но главным фактором был все же технический прогресс человечества.

К 2003 году японским специалистам удалось разработать комплект из нескольких микрозондов, которые вживлялись непосредственно в мозг и позволяли до некоторой степени объективировать картину человеческого восприятия. Японская аппаратура не могла определить, что именно чувствует и думает наблюдаемый. Но она позволяла получить цветное (хотя и размытое) изображение того, что он видит, причем не только наяву, но и в быстрой фазе сна. Это стало возможным потому, что сигнал снимался не с оптического нерва, а с тех зон мозга, которые ответственны за непосредственную репрезентацию. Оборудование было немедленно закуплено командой Поташинского.

Сигнал с вживленного в мозг комплекта зондов мог передаваться по беспроводной связи, что позволяло баблонавту вести обычный образ жизни, никак не стесненный участием в эксперименте. Необходимо было только, чтобы где-нибудь неподалеку располагался приемник сигнала, который затем в реальном времени передавал информацию на компьютер.

Вкратце схема опытов Поташинского выглядела так. Сначала в мозг баблонавту-экспериментатору (на эту роль, как обычно, были отобраны добровольцы из числа молодых офицеров ФСБ) вживлялся комплект контрольных электродов. После этого с помощью системы тяговых офшоров, действующих по изобретенному Поташинским безоткатному принципу, производился запуск — в личной собственности добровольца наращивалась сумма, гарантированно забрасывающая его за порог Шварцмана.

Многие крупные перемещения капитала

последних лет, замеченные международными контрольными структурами, но так и не получившие разумного объяснения, были связаны именно с этими экспериментами. Подобно тому, как современная аппаратура фиксирует старты баллистических ракет на всей поверхности земного шара, запуски баблонавтов, проводившиеся ФСБ с целью исследования пространства Фридмана, были, конечно, замечены чуткими экономическими сенсорами. Но большинство вглядывающихся в финансовую вселенную обозревателей ошибочно приняли их за начало пересмотра результатов приватизации. Впрочем, это неудивительно — запуски проводились в полной тайне, и точной информации, кто именно из плеяды новых сверхбогачей является исследовательским зондом шестого главного управления ФСБ, в открытых источниках не было.

Теперь этих ребят можно назвать — не всех, конечно, а только первую двойку. Впервые в истории контролируемый прыжок за порог Шварцмана совершил российский баблонавт Юлий Кропоткин. С месячным отставанием вслед за ним стартовал Сергей Тимашук. Забрасываемый вес второго запуска отличался от первого незначительно — примерно на шестьсот миллионов долларов (разумеется, на финансовом горизонте эти звезды взошли совсем под другими именами).

В течение всего эксперимента баблонавты вели образ жизни богатых сибаритов — носились над континентами в переделанных в летающие дворцы «боингах», пили редкие вина, катались на яхтах, играли в казино, передавали генетическую информацию нежнейшим существам, которые продают себя так дорого, что это уже похоже на любовь, — словом, не отказывали себе ни в чем. Все это время контрольная система фиксировала сигналы, поступающие с вживленных в их мозг электродов, и пересылала их в компьютерный центр ФСБ в Москве, где они тщательно исследовались.

Когда экспедиция в пространство Фридмана подошла к концу, счета баблонавтов были закрыты, и началась операция по их возвращению в человеческую вселенную. Юлию Кропоткину удалось через несколько дней благополучно приземлиться в «Домодедово». А судьба Сергея Тимашука оказалась трагичной.

Уже на подлете к «Шереметьево-2» он впал в полукоматозное состояние на борту «Global Express XRS», совершавшего последний оформленный на его имя рейс. Встречавшие решили, что он просто слишком много выпил — но и на следующий день состояние баблонавта не улучшилось. Он практически не контактировал с окружающими, без конца повторяя одну и ту же загадочную фразу: «Луна — это солнце для бедных!» (Ученые предположили, что речь идет о каких-то неизвестных визуальных эффектах, наблюдаемых при пересечении порога Шварцмана — наподобие искажения формы небесных тел на близком расстоянии от черной дыры.) Вернуть Сергея Тимашука к полноценной жизни так и не удалось. Но высокая цена, заплаченная за уникальные научные данные, была не напрасна.

Пространство Фридмана впервые в истории удалось сфотографировать, используя два абсолютно независимых друг от друга зонда, что полностью исключало возможность ошибки. В результате этого беспрецедентного прорыва ученые получили второе экспериментальное подтверждение теории Поташинского.

Напомним, из выкладок профессора следовало, что при пересечении порога Шварцмана все баблонавты начнут воспринимать одно и то же пространство. Первые же телеметрические данные показали, что это действительно так: видеосигналы из мозга Кропоткина и Тимашука совпадали полностью. Кроме того, теория предсказала, что время в пространстве Фридмана должно практически остановиться. Это тоже подтвердилось: изображение с обоих видеозондов было неподвижным и не менялось в течение всего эксперимента. Таким образом, гипотеза профессора Поташинского была блестяще доказана. Теоретическая наука, пожалуй, не знала подобного успеха с тех пор, как открытые на кончике пера черные дыры были действительно обнаружены в космосе.

Однако не все было так гладко. Первые же фотографии пространства Фридмана поразили ученых и поставили их в тупик. Дело в том, что на экране монитора мерцало нечеткое и размытое изображение... коридора.

Ни один снимок поверхности Марса, ни одна фотография звездного неба не подвергалась такому интенсивному анализу, как эти изображения. К сожалению, разрешение, даваемое современными нервно-оптическими системами, не позволяло исследовать их с большим увеличением. Но увиденного было достаточно, чтобы установить, что по всем внешним признакам это обыкновенный коридор, с плиточным полом и стенами, крашенными в зеленый цвет примерно до высоты в два метра (выше стены были белыми). В нескольких метрах впереди коридор поворачивал вправо, в какое-то неосвещенное пространство, но сказать, что там, было сложно.

Попытка увидеть изображение в инфракрасном и ультрафиолетовом диапазонах мало что добавила к первоначальной картине; выяснилось только, что за углом находится что-то очень горячее.

Околонаучные журналисты немедленно принялись гадать, что это за коридор и куда он ведет, но серьезные ученые отнеслись к такому подходу резко отрицательно.

«Это не значит, что там действительно есть какой-то коридор и источник тепла, — пишет один из исследователей. — Это значит, что полученная видеограмма пространства Фридмана выглядит похоже на коридор. Если вы обнаружили на Марсе человеческое лицо, это не значит, что его там высекли марсиане. Это всего лишь ваша собственная интерпретация естественного геологического образования».

Чтобы окончательно успокоить умы, профессор Поташинский дал по этому поводу большое интервью. Камера запечатлела его на фоне недавно открытого памятника Чингизу Каратаеву — это легкая алюминиевая конструкция, изображающая две по-лебединому взлетающие красные сумки «Пума» со сплетенными ремнями, над которыми, как бы не опираясь ни на что, парят песочные часы, напоминая будущим поколениям об отважном человеке, который ценой своей жизни дал начало новой науке.

— Почему именно коридор? — говорит Поташинский, нескладный сухой великан с огромной седой шевелюрой (он сидит в креслекаталке: в последнее время все чаще дают себя знать последствия давнего взрыва). — Знаете, мне помог это понять так называемый «антропический принцип», лежащий в фундаменте современной космологии. Почему Вселенная вокруг нас устроена именно так, а не иначе? Почему мы живем на этом странном земляном шаре, наполовину залитом водой? Да потому, друзья, что если бы Вселенная была какой-нибудь другой и в ней не было бы этого мокрого земляного шара, то не было бы и нас, размышляющих на эту тему. Мир такой, какой есть, потому что в нем находимся мы. А будь он другим, это были бы уже не мы, и не факт, что подобный вопрос вообще пришел бы кому-то в голову, или что там было бы на ее месте. Почему пространство Фридмана выглядит так, как оно выглядит? Ответ только один: потому! Мы не знаем, что там на самом деле. Но по какой-то причине видим его именно так — в виде полутемного коридора.

— А какие-нибудь догадки у вас есть? — умоляюще спрашивает корреспондент. — Хотя бы самые смутные?

Поташинский вздыхает и улыбается.

— Возможно, дело в том, что на квантовом уровне сама постановка вопроса определяет результат опыта. Ведь первое название нашего проекта было как раз «Зеленый Коридор». Меня каждый день спрашивают — что же там, за углом? Как ученый, могу сказать только одно — с научной точки зрения подобный вопрос не имеет никакого смысла вообще...

Конечно, трудно смириться с научно доказанным фактом, что многогранная творческая активность людей, населяющих вершину человеческой пирамиды, есть просто релятивистская иллюзия, а на деле сознание любого из них — застывший глазок, вглядывающийся в полутьму ведущего неизвестно куда коридора.

Скорей всего, именно психологическая непереносимость подобной мысли (или обострение войны внутри силовых структур) и стоит за муссируемыми желтой прессой слухами, будто во время эксперимента произошла элементарная техническая ошибка, и поступающая от баблонавтов телеметрия при коммутации проводов была перепутана с картинкой камеры наблюдения в резервной бойлерной гостиницы «Метрополь» (под которой, как известно, и располагается секретный компьютерный центр ФСБ). Что ж, каждый верит в то, что ему по нраву.

Остается надеяться, что новые экспедиции за порог Шварцмана, которых, затаив дыхание, ждет наша затерянная в необозримых просторах Вселенной цивилизация, помогут внести в этот вопрос окончательную ясность.

Ассасин

суфийская легенда

Али осиротел очень рано. Ему сказали, что его семья погибла во время военного набега под руинами горящего дома, но сам он не помнил ни дома, ни набега. Он не знал, откуда он родом и как звали его родителей. Отца и мать ему заменил человек, которого он с младенчества привык называть «дядя Алаудин».

Алаудин привез Али в замок Аламут и поселил под надзором своих слуг, которые повиновались хозяину беспрекословно и относились к нему как к тени Всевышнего на земле (так они его и называли). Алаудин был добр к маленькому Али, а мальчик боялся его и одновременно обожал до умопомрачения.

«Если дядя Алаудин тень Всевышнего, — думал он, — пусть я, когда вырасту, стану тенью этой тени. И ничего больше мне не надо...»

Замок стоял высоко в горах. К нему вела единственная узкая и крутая дорога, на некоторых участках которой два всадника могли разъехаться только в специально устроенных местах.

Алаудин объяснил мальчику, что слово «Аламут» означает на местном наречии «урок орла»: древний правитель, который построил замок, выбрал для него скалу, где приземлился его ручной орел.

Выбор оказался весьма мудрым — замок стоял в таком месте, что ни одна вражеская армия не могла окружить его. Под обрывающиеся в пропасть стены нельзя было подвести стенобитные машины. Замок невозможно было не то что взять или осадить, к нему казалось трудным даже приблизиться.

Али рос в небольшой каменной комнате, из окна которой открывался вид на скалы и покрытые колючкой холмы. Скалы и холмы были видны не всегда — внизу текла река, разливавшаяся каждую весну, когда в горах таял снег. Тогда над водой поднимались облака тумана, и казалось, что замок парит в облаках.

Али почти никогда не видел за окном людей. Но изредка об их существовании напоминала цепочка верблюдов на вершине далекого холма или стервятники, кружащие в небе.

Бывало и так, что стервятники появлялись

в небе вскоре после того, как верблюды скрывались за перевалом, а еще через несколько часов в замок возвращался дядя Алаудин во главе всадников с закрытыми черной тканью лицами. Всадники вели за собой тяжело навьюченных верблюдов и ослов, на поклаже которых были следы крови. Так Али научился делать первые логические выводы. Но все знали, что Алаудин святой человек, и его меч страшен только неверным.

Комната Али располагалась очень высоко, и вылезти из окна было невозможно — река шумела так далеко внизу, что и смотреть туда было страшно. Выходить из замка строго запрещалось, и он проводил время, слоняясь по двору и играя с другими мальчишками, которых приютил Алаудин, — они жили в таких же каменных клетушках, как и он. Потом его стали обучать грамоте, но не слишком забивали голову разными премудростями. Он учился читать Коран и хадисы, рассказывающие о деяниях пророка.

Скалы обступали замок со всех сторон, но под одной из его стен лежала зеленая долина, зажатая между крутыми склонами гор. Виден был только самый ее край, но иногда оттуда доносилось пение соловьев. Али знал, что с самой высокой башни можно рассмотреть долину лучше. Но ему и другим мальчикам было запрещено туда подниматься.

Однажды, когда Алаудин уехал из замка, Али заметил, что вход в башню остался без присмотра, и забрался наверх по спиральной деревянной лестнице. Наверху был смотровой пост. Али перевесился через зубцы и увидел далеко внизу белые постройки среди зелени и цветов. Там был, кажется, огромный сад, полный фруктовых деревьев. В центре сада располагалась поляна, окруженная цветами и кустарником. А все остальное утопало в густых зарослях — даже на расстоянии чувствовалось, какие там царят покой и прохлада...

Но Али не успел рассмотреть слишком много — поднявшиеся следом за ним воины задали ему такую трепку, что несколько дней он лежал в своей комнате и не мог встать.

Когда Алаудин вернулся, Али не стал жаловаться. Вместо этого он спросил:

— Дядя Алаудин, а что там за зеленая долина внизу? Что там за беседки и павильоны?

Алаудин рассмеялся.

— Подожди, Али. Ты узнаешь об этом, когда вырастешь. А сейчас, что бы я ни ответил, в твоей голове возникнет только путаница.

Али решил задать еще один вопрос, который давно его мучил:

— А почему вас называют «тенью Всевышнего», дядя Алаудин?

Лицо Алаудина стало серьезным. Он ответил:

— Это потому, что у меня нет своих желаний и целей. Я убираю из своего сердца все личное, чтобы открыться Всевышнему и исполнить его волю.

Али вспомнил стервятников, кружащих высоко в небе за окном. А потом подумал про тяжело навьюченных лошадей, которых спутники Алаудина приводили в замок.

— А как вы узнаете, в чем воля Всевышнего?

Алаудин ответил:

— Умом этого не постичь. Воля Всевышнего познается только через смирение.

— Что такое «смирение»? — спросил Али, который никогда раньше не слышал такого слова.

— Смирение — это значит не иметь своих желаний и целей, — ответил Алаудин. — Это похоже на долгую дорогу в горах. Сначала ты видишь небольшой участок впереди, и тебе кажется, что ты знаешь, куда она ведет. Потом дорога поворачивает, и тебя начинают терзать сомнения. Потом она поворачивает опять и опять, и сомнения растут. Только сделав много таких поворотов и перебравшись через несколько перевалов, начинаешь понимать, куда дорога направляется на самом деле. Вот так и смирение ведет к мудрости.

— А я могу пойти по этой дороге? — спросил Али.

Алаудин потрепал его за волосы.

— Можешь, — сказал он. — Для этого тебе достаточно во всем слушаться меня. И не делать запрещенного правилами нашей общины.

Али понял — слуги уже рассказали Алаудину о его проступке. То, что Алаудин не стал ругать его, наполнило сердце мальчика благодарностью. Он сказал:

— Я смогу стать твоей тенью, дядя Алаудин? Тенью тени Всевышнего?

— Если на это будет воля Всевышнего, — ответил Алаудин. — Через несколько дней тебе исполнится десять лет. Тогда и начнется твое путешествие по дороге смирения. Учти, Али, путь будет непростым.

Алаудин сказал правду. Когда Али исполнилось десять лет, его жизнь резко изменилась.

Теперь рано утром его выводили во двор — делать упражнения вместе с другими мальчиками. Ему по несколько часов приходилось стоять в неудобной позе, пока не отказывали мышцы. К его ладоням привязывали кожаными ремнями тяжелые куски железа и заставляли держать руки вытянутыми — если рука опускалась, он получал удар палкой.

Он поднимал тяжести, лазил по шесту и канату, висел на одной руке, схватившись за ветку росшего в саду дерева, пока пальцы не разжимались — и если это случалось слишком рано, он падал на разложенные внизу колючки. Его заставляли стоять на металлических прутьях, воткнутых в щели стены. Его приучали выдерживать сводящую с ума боль, прикладывая к коже тлеющий фитиль.

Через год Али стал намного сильнее. Тогда его стали обучать владению катаром — ножом треугольной формы, рукоять у которого не продолжала лезвие, как бывает обычно, а располагалась поперечно, внутри скрывающего кулак эфеса. Когда он брал катар в руку, лезвие оказывалось выставлено перед кулаком, сжимающим рукоять.

— Такие ножи делают в стране Синд, — сказал Алаудин. — Ими можно наносить удары иначе, чем обычным оружием. Поэтому защититься от них намного сложнее. С сегодняшнего дня эти два клинка — твои новые руки.

Считай их частью собственного тела. Представь себе, что в них течет твоя кровь. Тогда ты сможешь пролить с их помощью чужую...

Али заставляли делать множество вещей с этими ножами. Его учили метко кидать их в деревянную куклу — с двадцати шагов он должен был попасть ей в грудь, а потом выдернуть свое оружие за привязанную к рукояти веревку. Втыкая ножи в щели между камнями, он учился взбираться на крепостную стену. Самым трудным оказалось подолгу перекидывать маленькую медную монету с одного клинка на другой — так, чтобы она ни разу не упала на землю. Сначала он держал лезвия рядом, а потом настолько наловчился, что стал разводить руки в стороны, и монета летала у него над головой.

В конце концов Али действительно стал чувствовать, что два синдских ножа — не просто куски железа, а некое подобие орлиных когтей, естественно продолжающих его кисти.

Его стали обучать приемам фехтования. Он отбивался от нескольких вооруженных воинов, нанося им молниеносные удары в просветы между латами. Он учился уворачиваться от копья в руке конника, вспарывать ему бедренную артерию или бить его снизу вверх в незащищенный бок. Он прорывался сквозь живой коридор из старающихся поразить его стражников к деревянной кукле, в которую он должен был воткнуть свои ножи. И так он упражнялся с утра до вечера, делая перерывы только для еды и молитвы.

Когда Али исполнилось шестнадцать лет, его стали опасаться даже учителя. Годы упражнений сделали его тело сильным и гибким; он мог показывать трюки, поглазеть на которые собралась бы толпа на любом рынке. Теперь он мало напоминал прежнего мальчишку — он превратился в высокого юношу с пробивающимися на верхней губе усами. Он начал заглядываться на женщин, и временами его посещали мысли, которыми он ни за что не решился бы поделиться с учителями. Но Алаудин, конечно, замечал все эти перемены и сам.

Однажды он сказал:

— Ты стал взрослым. Будь готов к тому, что с тобой случится прекрасное и невообразимое.

— А что именно со мной случится? — спросил Али. — И как можно подготовиться к невообразимому?

Алаудин засмеялся.

— Никак, — ответил он. — Поэтому я и говорю тебе — когда это случится, не пугайся.

Если бы Али услышал такое напутствие лет пять назад, он, конечно, был бы напуган, потому что любому понятно — когда тебе говорят «не пугайся», впереди какая-то жуть. Но ежедневная муштра уже давно заставила его позабыть страх.

И дело было не в том, что его обучили бесстрашию.

Ничего хорошего с ним уже давно не происходило, а упражнения были тяжелыми и болезненными. Стоило ли держаться за такое существование? Али догадывался, что именно в этом причина безумной храбрости тех героев, которые, как с гордостью говорил Алаудин, «любят смерть, как их враги жизнь». Он чувствовал, что его тоже готовят для подобной судьбы — ведь полюбить смерть означает просто разлюбить жизнь, а это ему уже почти удалось.

Несколько дней после разговора с Алаудином прошли как обычно. Али занимался во дворе замка, упражняясь в стрельбе из маленького железного арбалета — отравленная стрела из него летела недалеко, зато это оружие можно было прятать под одеждой. А потом действительно случилось невообразимое.

Проснувшись утром, Али понял, что находится в каком-то незнакомом месте. Это была комната с витыми колоннами из белого мрамора. Ее потолок и стены украшал узорчатый орнамент, а на полу была изящная цветная мозаика.

Особенно необычно выглядел орнамент — казалось, что на нем изображены прекрасные женские лица, и вместе с тем на стене нельзя было найти ни одного настоящего лица. Узор содержал только намеки — одна линия походила на необычно длинный глаз, другая на изящный маленький носик, третью можно было принять за сложенные сердечком пунцовые губы, четвертую — за нежный овал щеки с темной родинкой на смуглой коже, пятую — за прядь волос, и так далее. Но все было иллюзией: в действительности Али видел перед собой просто разноцветные линии и пятна, и если кто-то и нарушал запрет на изображение человеческих лиц, то это был не художник, а он сам, потому что именно он рисовал их в своем воображении. Поняв это, Али устыдился.

Заметив в стене дверь, он попытался открыть ее, но она была заперта. Тогда он осмотрел помещение. В углу стоял столик со сладостями и напитками. На нем лежала записка:

«О прекрасный юноша, твое тело ослабло. Съешь эту халву и выпей этот шербет. Силы вернутся к тебе, и ты сможешь узнать, что находится за дверью».

Вместо подписи под текстом была комбинация трех арабских букв, которые не значили ничего, но зато складывались в подобие раскинувшейся на ложе женщины. Все это взволновало Али до чрезвычайности. Еще никто до этого дня не называл его прекрасным юношей.

Али чувствовал слабость и голод. Придвинув к себе вазу с желтой халвой, он быстро опустошил ее, а потом запил холодным шербетом из золоченого кувшина. Однако, несмотря на содержавшееся в записке обещание, дверь не открылась. Али прилег на минутку отдохнуть, да так и задремал.

Когда он проснулся, рядом с ним на ложе сидели две юные девушки в легких рубашках из тонкого шелка. Нежно улыбаясь, они глядели на него.

Али приподнялся на локтях. Что-то с ним было не в порядке. Он никогда не чувствовал себя так странно — его тело стало неповоротливым и тяжелым. Оно казалось огромным, как гора, и трудно было понять, каким образом оно умещается в такой маленькой комнате. Впрочем, стоило Али приподняться, и ему сразу показалось, что его тело уменьшилось до размеров мизинца, и девушки, сидящие рядом, смогут, если захотят, играть с ним как с мышонком.

Странности творились не только с его телом. Мысли, которые приходили ему в голову, пугали его своей глубиной и безнадежностью — думать было так же страшно, как глядеть в бездонный ночной колодец. А не думать было еще страшнее.

«Я умер, — понял Али. — И сейчас вижу вестников иного мира. Я слышал, что их будет два... Наверно, они приняли такое обличие, чтобы смутить и испытать меня».

Собравшись с силами, он задал ближайшей к нему девушке вопрос, который полагалось задавать существам из иного мира:

— Ты инн или джинн?

— О храбрый Али, — ответила девушка, — я не инн и не джинн. Я гурия, посланная тебе в утешение и радость.

Али перевел взгляд на другую девушку.

— А кто ты?

— Я тоже гурия, — сказала вторая девушка и улыбнулась.

Али слышал, что у райских гурий прозрачные ноги, сквозь которые видны такие же прозрачные кости с рубиновым костным мозгом. У девушек были обычные человеческие конечности, но на их голенях ярко алели полосы краски, которые проходили точно над костью, и это было похоже на просвечивающий костный мозг. Их тела не были прозрачными, но зато прозрачными были их одежды. Все составные элементы того, что называлось «райской гурией», были на месте, хоть и соединялись друг с другом немного иначе, чем Али ожидал. Но со слов мудрых людей он знал — человеческое знание о невидимом мире несовершенно.

То, что он попал в невидимый мир, уже не вызывало у него сомнений. Доказательством были те абсолютно невозможные на земле ощущения, которые он испытывал. Ему делалось то нестерпимо весело, то невыносимо страшно. Девушки рядом казались то опасными хищниками, собирающимися его растерзать, то нежнейшими подругами, готовыми для него на все, то тем и другим одновременно. И, главное, они были так красивы, что ни о чем другом, кроме их красоты, думать уже не хотелось.

Девушки подхватили Али под руки и подняли с ложа.

— Идем в сад, господин, — зашептали они и повели покачивающегося Али к дверям.

Когда двери открылись, Али замер на месте от восхищения. Перед ним был самый прекрасный сад из всего, что только можно себе представить. Ветви деревьев гнулись под тяжестью плодов, ветер покачивал прекрасные редкие цветы, журчал текущий по мраморному желобу ручей. Где-то в листве свистели и щелкали соловьи, а на траве были разложены шелковые скатерти, уставленные напитками и яствами.

В саду ждали другие гурии — всего их оказалось около двадцати. У одних в руках были причудливые музыкальные инструменты, другие держали опахала и мухобойки, а некоторые, почти совсем нагие, соблазнительно пританцовывали в такт музыке. И все они приветливо и весело смотрели на Али.

Али присел на шелковую подушку, нахмурился и, глядя то на еду, то на девушек, попытался понять, чего ему хочется больше. Получалось что-то странное — когда он глядел на скатерть с едой, ему хотелось гурий. А когда он глядел на гурий, ему хотелось есть. Несколько мгновений проблема казалась неразрешимой, а потом он понял, что эти два занятия вполне можно совмещать.

Али захохотал, и журчание ручья ответило ему серебристым эхом. Гурии тоже засмеялись, и Али, отбросив все сомнения, устремился навстречу своему счастью.

Проснувшись на следующий день, Али увидел знакомый потолок своей каменной каморки и понял, что он опять дома. Припомнив происходившее в саду, он стал соображать, чем был вчерашний день — реальностью или стыдным сном вроде тех, что мучили его уже несколько лет. Случившееся казалось слишком неправдоподобным, и Али решил, что это был сон. Но тогда было непонятно, почему у него так болит голова и отчего так хочется пить.

— Нет, — пробормотал он, — все это было на самом деле.

— Да, — раздался рядом голос Алаудина. — Это было на самом деле.

Али не заметил, как тот вошел в комнату. Вскочив с ложа, он склонился в поклоне перед господином.

— Когда-то ты спрашивал, — сказал Алаудин, — почему меня называют тенью Всевышнего. Я объяснил тебе, что все дело в моем смирении, и это так и есть. Своих желаний у меня нет, и я просто инструмент в руке Царя Царей. Но есть и другая причина, о которой я не мог сказать тебе, потому что ты был слишком мал. Меня называют тенью Вседержителя, ибо в моей власти показывать людям его чудеса и тайны. Вернее, не сами эти чудеса и тайны, поскольку они слишком грандиозны для слабого человеческого разума, а только их тень...

Алаудин выдержал паузу, чтобы Али понял важность того, что он сейчас услышит, и сказал:

— Вчера ты одним глазом заглянул в рай.

— Это был рай? — спросил Али. — Я так и подумал, господин. Все оказалось как в рассказах ученых богословов. Почти все...

— А что было не так? — нахмурился Алаудин.

— От некоторых гурий пахло потом. Две или три, которые играли на музыкальных инструментах, были уже не очень молодые, с морщинами. Кроме того, их косметика расплывалась. Еще в раю было много мух и комаров, и они все время докучали.

Алаудин засмеялся.

— В молодости я обучался у великих улемов, — сказал он, — и постиг от них одну высокую истину, которую не понял сразу. И только постепенно ее смысл стал мне ясен. Улемы говорили, что материалом, из которого Всевышний создает рай, служат человеческие мысли о прекрасном и сладостном. Поэтому легкое несовершенство увиденного тобой объясняется убожеством твоих собственных представлений о том, каким должно быть божественное наслаждение. Ведь каковы кирпичи, таков и построенный из них дом. Ты понимаешь, о чем я говорю?

Это звучало убедительно. Сам Али ни за что на свете не додумался бы до такой простой мысли. Но у него все же мелькнуло сомнение — ведь те две гурии, которые встретили его на пороге рая, были безупречными красавицами, и здесь несовершенство его ожиданий ничуть не помешало. Почему же тогда...

Но он не успел додумать эту мысль — Алаудин словно услышал ее.

— Кроме того, — сказал он, — человеческие представления о прекрасном всегда относительны. Совершенная красота является таковой лишь в сравнении с менее совершенной. Поэтому некоторые из райских подруг могут быть менее привлекательны, чем другие. Так устроено для того, чтобы те гурии, которые услаждают праведника, казались ему еще желаннее.

С этим Али был полностью согласен — похожая мысль вчера мелькнула и у него самого, когда он выбирал третью по счету подругу. И все-таки в словах Алаудина что-то было не так. Али охватил руками голову и задумался. Из памяти почему-то никак не шли жирные черные мухи.

— Так это и был рай? — спросил он. — Он именно такой?

— Я не говорил, что могу показать рай. Я могу показать лишь его тень.

— А чем тень отличается от рая?

Вместо ответа Алаудин поднял перед собой руку так, что она попала в падающий из окна солнечный луч. На стене напротив появилась тень его кисти.

— Смотри, — сказал он. — По тени моей руки ты можешь судить, что у меня есть пальцы, и этих пальцев пять. Когда я поворачиваю руку, по изменениям тени ты понимаешь в общих чертах, как рука устроена. Но все же разница между тенью и рукой тоже есть, не правда ли?

Пальцы Алаудина были унизаны драгоценными перстнями, и солнце ослепительно играло на золоте, в котором сверкали мелкие сапфиры, огромный рубин и ограненные ромбом изумруды. Это был хороший ответ.

— А почему в раю все чувства совсем иные? Я переживал все происходящее иначе, чем обычно. Пища имела другой вкус, а прикосновения этих красавиц... Просто не знаю, с чем их можно сравнить. Все было совсем не так, как на земле.

— Это и делает рай раем, — улыбнулся Алаудин. — У меня нет ключей от небесного рая. Но есть тень этих ключей. Отперев тенью ключа тень двери, я могу показать тебе тень вечного счастья.

Алаудин говорил загадочно и возвышенно, как и подобает духовному человеку, и Али постепенно успокоился. У него остался только один вопрос, но он боялся его задать, потому что тема казалась не вполне пристойной. Но другой возможности заговорить об этом могло не представиться, и Али решился.

— Господин, у меня есть еще один вопрос, самый последний. Я слышал, в награду праведному человеку может быть послано столько гурий, сколько дней в году, и даже больше. Но меня, если честно, хватило только на трех, а дальше я обессилел. Зачем же праведнику так много спутниц?

Алаудин захохотал и смеялся до тех пор, пока на его глазах не выступили слезы.

— Не будь так маловерен, — сказал он наконец. — Если Аллах пошлет тебе триста гурий, он наградит тебя и мужской силой, необходимой для того, чтобы быть со всеми ними одновременно.

Али не очень понял насчет «одновременно» (такое было страшновато представить), но мысль Алаудина до него вполне дошла. Больше вопросов не осталось.

Остановившись в дверях, Алаудин сказал:

— Запомни, сын мой. Ты никогда не должен обсуждать то, что случилось вчера, с другими людьми. Эти разговоры загрязнят твое сердце, и ты не сможешь больше войти в тень рая. Пусть это будет тайной твоего сердца.

— А когда я... Ну, в следующий раз?

— После того, как выполнишь свое первое поручение, — ответил Алаудин. — Отправляйся в путь с легким сердцем. Ибо если ты не вернешься сюда, чтобы войти в тень рая, ты попадешь в настоящий рай. Теперь ты можешь судить о том, что это такое. Ты будешь в выигрыше по-любому. Но здесь, в Аламуте, тебя ждет лишь тень награды. А там — сама награда.

Первое же доверенное Али убийство было крайне важным — Алаудин сказал, что от него зависит исход войны. Конечно, Али казалось странным, что райская дверь откроется для него в результате такого мрачного дела. Но он уже знал: его ум слишком слаб, чтобы разобраться в божественных вопросах. К тому же он помнил, что на любой его вопрос Алаудин немедленно дает ответ, после которого сомнений больше не остается — хотя не прибавляется и особой ясности. Поэтому он не стал утомлять господина лишними расспросами. Но Алаудин провожал на подвиг уже не первого героя — видимо, он хорошо представлял, что происходит в человеческой душе в такие минуты.

— Как я уже говорил тебе, — сказал он, — дорога, ведущая в рай, называется «смирение». Ее особенность в том, что ты не видишь, куда она идет на самом деле, поскольку она петляет между гор и ущелий, из которых состоит человеческая жизнь. Чтобы попасть на юг, иногда приходится долго идти на север. Чтобы подняться на высокий перевал, бывает необходимо пройти ущелье. Ради спасения приходится убивать. Понимать это и не иметь сомнений — и означает идти по дороге смирения... Держи.

Алаудин протянул Али тяжелый промасленный сверток. Али развернул материю и увидел два катара. По форме и весу они были точно такими же, как те два ножа, с которыми он упражнялся много лет. Но их лезвия были зазубренными, и их покрывала какая-то липкая субстанция.

— Осторожно, — сказал Алаудин. — Держи их в ножнах. И ни в коем случае не порежься — потому что тогда тебя не спасет никакой врач.

Теперь Али выглядел точно так же, как остальные слуги Алаудина. На нем был черный плащ с капюшоном, а лицо скрывала повязка из ткани. Корабль привез его в город Сидон в Ливане, а оттуда он за несколько дней добрался до Тира, где стояла армия латинян-крестоносцев. В условном месте у городской стены его встретил сообщник, который тоже был учеником Алаудина.

Он оказался намного старше Али. Одет он был в такой же темный плащ с капюшоном, какой Али получил в Аламуте, а его оружием была тяжелая двуручная сабля. Его грубое лицо не выражало никаких чувств, но Али ощущал безмятежную решимость в каждом его движении и слове. Своего имени сообщник не назвал.

— Мое земное имя уже не играет роли, — сказал он. — Сегодня я войду в райскую сень. Ты тоже можешь это сделать, но не спеши — сперва тебе надо поразить начальника латинян.

Али стало страшно, но он не подал виду.

— Где мы нападем на врага? — спросил он.

— Недалеко от городских ворот, — ответил сообщник. — Там есть будка сборщика податей, который берет плату за въезд в город. Начальник латинян сегодня приглашен на обед к местному епископу и будет возвращаться в город на склоне дня. Он, конечно, не платит подать, но все равно остановится перед этой будкой, пока стража будет сдвигать рогатки. На это уходит столько же времени, сколько надо, чтобы произнести шахаду два раза. Я нападу на людей, которые сопровождают латинянина. Начнется сумятица. В этот момент ты нанесешь свой удар. Не думай обо мне и даже не смотри в мою сторону, думай только о цели...

— А наша одежда не вызовет у стражи подозрений? — спросил Али.

— Нет. Точно так же одеваются паломники, которые приезжают сюда из христианских стран. Мы сойдем за пару пилигримов. Особенно если будем вести себя грубо и совершать всякие отвратительные поступки. А теперь съешь вот это...

В его руках появились две плоских сухих лепешки.

— Что это? — спросил Али.

— Это ключ от рая, — сказал сообщник. —

Точнее, как учит наш господин, тень ключа. Одна лепешка для тебя, другая для меня. После того как ты съешь ее, твое тело останется на земле, а дух на несколько часов приблизится к самым воротам небесного сада. И если твое тело умрет, ты тут же окажешься в раю.

Прямо на месте они съели каждый свою лепешку. На вкус она была горьковато-сладкой, с каким-то странным приятным запахом, напомнившим Али о халве, которую он ел перед своим визитом в рай. После этого они проверили оружие и вышли в путь.

Чтобы не привлекать внимания, Али с сообщником решили ждать латинянина за столом у придорожной таверны, откуда хорошо просматривалась ведущая в город дорога. Кроме них, возле заведения не было никого.

Сообщник заказал большой кувшин вина — и вылил его в сточную канаву, как только слуга ушел в таверну. Почти час после этого они разливали по глиняным кружкам пустоту, но на самом деле пили только воду из принесенной с собой фляги. Сообщник иногда начинал горланить непристойную песню про то, что Али мог бы теперь назвать «райскими переживаниями», и было не до конца понятно — то ли он мастерски притворяется пьяным бродягой, то ли действительно предвкушает надвигающееся блаженство.

А рай действительно был уже совсем близко — в этом у Али не оставалось сомнений. С его чувствами произошли те же таинственные изменения, что и во время встречи с гуриями: большое и маленькое, медленное и быстрое, привычное и непривычное поменялись местами, смешались и потеряли смысл. Предстоящая атака больше не страшила его — вернее, страшила ничуть не больше, чем все остальное, потому что все теперь стало одинаково жутким.

И вот на дороге заклубилась пыль. Сообщник не сказал ничего, только поднял на Али глаза и еле заметно кивнул. Они встали; сообщник бросил на стол серебряную монету и зашагал к городским воротам. Али перешел на другую сторону дороги, немного подождал, как было условлено, и двинулся следом.

Время было рассчитано точно — они приблизились к городским воротам чуть раньше, чем конники. Али сразу узнал свою цель. Это был полный мужчина, одетый в плащ с красным крестом поверх пластинчатого доспеха. У него были длинные золотые волосы и небольшая борода — в точности как описал Аладин. Его сопровождало около десяти человек;

латиняне держались весело и расслабленно и, несомненно, не ожидали нападения.

Процессия остановилась возле будки сборщика податей; стражники сдвинули рогатки с дороги, и в этот момент сообщник Али выхватил из-под плаща свою саблю и рубанул одного из конных рыцарей по сапогу. Удар был настолько силен, что перерубил ногу вместе со стременем. Несчастный закричал; лошадь, на которой он сидел, поднялась на дыбы и сбросила его на дорогу. Всадники окружили сообщника Али, и, перед тем как их мечи оборвали его жизнь, он успел убить еще одного и покалечить двух.

Али, стоявший на другой стороне дороги, увидел, что начальник латинян остался в одиночестве — сдерживая испуганного коня, он следил за схваткой. Согнув спину, чтобы походить на старика, Али неспешно пошел мимо. Когда до всадника осталось всего два шага (латиняне в это время как раз добивали его сообщника), Али выхватил из-под плаща оба катара, метнулся к вождю крестоносцев и ударил его в незащищенный бок — туда, где сходились пластины доспеха.

Латиняне еще не поняли, что их господину нанесли смертельный удар, а Али уже исчез в зарослях росшей вдоль дороги крапивы. Прячась за ней, он засеменил к деревянной часовне, стоявшей у городской стены. Он шел, как его учили в Аламуте — согнувшись и прихрамывая, походкой пожилого человека, который спешит отойти подальше от неприятностей. Если бы не съеденная перед нападением райская лепешка, он бы, наверно, побежал со всех ног. Но сейчас ему казалось, что самое главное — ощутить себя хромым стариком, потому что, если он по-настоящему поверит в это сам, в это поверят остальные и оставят его в покое.

Он дошел до деревянной часовни и стал подниматься по ее грязным ступеням. И только тогда сзади раздались крики: «Вон он! Вот убийца!»

Оказавшись в церкви, Али понял, что погиб. Второго выхода не было; окна располагались слишком высоко. Единственный прихожанин лежал на полу, распростершись перед алтарем — это был молодой паломник с такими же желтыми волосами, как у убитого крестоносца. Али понял — тот пребывает в христианском молитвенном трансе, во время которого ифриты и джинны внушают неверным, что их души восходят в горний мир. Паломник не обратил внимания на шум за спиной. И тогда Али пришла в голову еще одна мысль, которая точно не посетила бы его без волшебной лепешки. Сняв свой плащ, он набросил его на лежащего — бережным движением, стараясь не стукнуть о пол тяжелыми катарами, ножны с которыми были привязаны к подкладке. Если паломник и заметил что-то, он никак этого не показал.

Времени у Али осталось только на то, чтобы забежать за алтарь и притаиться в темном углу — сразу же после этого преследователи ворвались в церковь.

— Это он! — крикнул кто-то.

— Не убивайте его здесь, — раздался другой голос, — не оскверняйте храм кровопролитием!

— Я не виновен! — закричал очнувшийся наконец пилигрим. — Я молюсь здесь с самого утра! Что вам от меня надо...

— Вот нож с кровью нашего господина! — проревел чей-то бас.

Послышались звуки борьбы, удары и крики.

После этого шум переместился на улицу. Али старался ни о чем не думать и без конца читал про себя шахаду, потому что смерть могла наступить в любой момент. Но вскоре шум за дверями стих — никому не пришло в голову заглянуть за алтарь.

Али дождался ночи.

Когда он выбрался из-за алтаря, двери часовни были заперты. Придвинув скамью к стене, Али взгромоздил на нее другую, потом еще одну, забрался на них и дотянулся до окна. Спрыгнув на землю, он побежал прочь от городской стены. На следующее утро он ограбил одинокого всадника, отняв у него лошадь, деньги и оружие, — но оставил ему жизнь.

Убийство латинского полководца взбудоражило Святую землю, и Али передвигался по ночам, чтобы не напороться на случайный патруль. Днем он спал. Ему ни разу не приснился убитый, зато несколько раз снился пилигрим, которого он обрек на смерть. Его почему-то было жалко, но Али знал, что тот виноват в своей смерти сам. «Неверие погубит латинян, — думал он, — если не сейчас, то когда-нибудь потом, это несомненно...»

Через неделю он добрался до Сидона. Дорога оттуда в Аламут была долгой, но безопасной.

Али догадывался, что за подвиг его ждет награда. Так и случилось. После того, как он очнулся в раю, выпил волшебный шербет и вышел в сад, его ждала совсем юная гурия — ей было от силы тринадцать лет. Али попробовал завести с ней разговор, но она оказалась несловоохотливой, к тому же изъяснялась, сильно коверкая слова, как рабы из страны Пунд.

Она вела себя иначе, чем остальные райские девушки, и не изображала радости от встречи с героем. Али чувствовал, что она полна страха и еле сдерживается, чтобы не заплакать. Он уже догадывался: спроси он Алаудина, почему эта гурия ведет себя неприветливо, и тот объяснит, что так устроено специально для его наслаждения — на тот случай, если ему надоела покорность на все согласных небесных подруг. Но все же Али отослал девочку прочь и ограничился тем же, что и в прошлый раз. Только сейчас гурии показались ему куда менее соблазнительными, и его силы иссякли намного раньше. Зато в этот раз он съел больше халвы и персиков — почему-то ему очень хотелось сладкого, и он никак не мог наесться.

— В каждом мужчине, — мудро заметила толстая гурия, державшая опахало, — дремлет неугомонный ребенок.

Но она была неправа — на этот раз Али угомонился быстро. Второй визит в рай поразил его воображение куда меньше, чем первый.

— Настоящий рай никогда тебе не надоест, — сказал на следующий день Алаудин. — Сражаясь, считай тела поверженных врагов. За каждого из них Аллах пошлет тебе десять прекрасных гурий. И вместе с ними, как я уже говорил, силу любить их всех. А за убитого тобой латинского маркиза Аллах пошлет тебе гурию такой величины, что надо будет скакать на лошади от заката до рассвета, чтобы добраться от пальцев ее ног до ее головы. Наслаждение от такой гурии поистине ни с чем нельзя сравнить.

Али уже слышал про таких гурий. Слова Аладина насчет новых способностей, которые появятся у него в раю, тоже звучали правдоподобно (хотя в случае с гигантской гурией было сложно представить сам механизм наслаждения). Однако одной вещи он не понимал.

— Господин, а как быть, если я сам не захочу любить эту огромную гурию? — спросил он.

— Аллах пошлет тебе и желание! — немедленно ответил Алаудин.

— Допустим, — сказал Али. — Но если все дело в желании, которое посылает Аллах, в чем тогда разница между этой огромной гурией и тюфяком с соломой? Ведь Аллаху достаточно пробудить в моей груди страсть к соломенному тюфяку и послать мне этот тюфяк.

Алаудин задумался на секунду.

— Это, конечно, так, — сказал он. — Но ты забываешь, что дела Аллаха всегда совершенны и прекрасны. Послать герою огромную гурию — это совершенное и прекрасное дело. А швырнуть ему в награду тюфяк с соломой — нет. Такое больше похоже на поступки земных правителей. И потом, это для какого-нибудь рыночного торговца есть разница между ценой тюфяка и ценой гурии. Для Аллаха же разницы нет, ибо перед ним все одинаково ничтожно.

Алаудин опять объяснил все так ясно, что вопросов не осталось. Правда, через несколько дней после этого разговора Али пришла в голову смутная мысль, которую ему трудно было даже сформулировать до конца.

«Если Аллах действительно пошлет мне не только эту огромную гурию, но и желание этой гурией воспользоваться, — думал он, — смогу ли я вместить такой дар? Ведь сейчас мне и думать противно о такой огромной женщине. У нее, наверно, громче урчит в животе, чем шумит река под моим окном. В ее коже будут такие поры, что в любую из них я смогу провалиться вместе с лошадью. А ее сосцы будут похожи на курганы в степи. Сложно представить человека, способного польститься на такое. Если мне этого захочется, значит, моя душа будет волшебно изменена. Но если моя душа будет волшебно изменена, буду ли это по-прежнему я или уже совсем другой человек?»

Этот вопрос не давал Али покоя.

«Наверно, другой, — думал он, — потому что я сам такого не захочу совершенно точно. Выходит, награду получу тоже не я, а кто-то другой? Аллах создаст на моем месте другого человека, а меня... Меня уничтожит без следа? Но это будет несправедливо, а Всевышний справедлив...»

Али вспомнил о шербете, который он пил перед визитом в рай. А потом вспомнил руку Алаудина со сверкающими кольцами, и ее тень на стене.

«Может быть, — думал он, — в раю мне тоже дадут особого снадобья, только сильнее, чем в лепешке, и с иным действием? Ведь тень должна быть подобна предмету. Если тень ключа от рая — это какая-то микстура, значит, и сам ключ от рая — это нечто похожее?»

Подумав, Али решил, что последняя версия — самая правдоподобная. Ведь под действием райского шербета у него действительно появлялись желания, которых не было в обычном состоянии. Например, ему очень хотелось сладкого — но при этом он оставался самим собой. В раю вполне могли быть и такие сорта шербета, которые сделали бы соблазнительной огромную гурию...

Сомнения постепенно отступили. И это было хорошо, потому что Али ждало новое убийство, а идти на смерть и терзаться сомнениями — это, как известно, удел неверных. Себе Али такого точно не пожелал бы.

Следующее задание сильно отличалось от первого.

Али должен был поразить генуэзского олигарха, заключенного в латинской крепости. Это был ростовщик, которого обвинили в ереси, колдовстве и растлении малолетних мальчиков. Ждали гонца от Святого Престола с указом, разрешающим дело, — по общему мнению, пленника должны были освободить, поскольку он был чрезвычайно богат и лично финансировал крусаду. Говорили, что под стражу его взяли только для того, чтобы выжать из него побольше золота: он вряд ли мог быть замешан в ереси или колдовстве, так как мало интересовался духовными вопросами. Ну а растление малолетних мальчиков никогда не считалось чем-то предосудительным для ростовщика.

Алаудин хотел убить пленника, надеясь, что христиане начнут обвинять в этом друг друга и погрязнут в распрях. Но Али незачем было вникать во все детали. Он получил два катара, волшебную лепешку и маленький железный арбалет с десятком смазанных ядом стрел.

— Сто гурий, — улыбнулся Алаудин, вручая ему круглый колчан. — Если ни разу не промахнешься.

На колчане была кожаная петля, которая позволяла повесить его под мышку, спрятав под одеждой. Арбалет и ножи были укреплены в пришитых к плащу карманах. Волшебная лепешка, завернутая в кусок чистой ткани, лежала у Али в сумке — по виду она ничем не отличалась от тех, что продаются на любом базаре.

— Съешь ее за два-три часа до схватки, — сказал Алаудин. — Когда почувствуешь, что рай готов принять тебя, выступай, и в твоем сердце не будет страха перед битвой.

Али знал по опыту: слова «в твоем сердце не будет страха перед битвой» означают не то, что битва перестанет быть страшной, а то, что все остальное сделается ничуть не менее жутким, и не будет особой разницы, чем именно заниматься. Но он ничего не сказал.

Путешествие к цели прошло без приключений.

Плащ Али походил на наряд пилигрима, поэтому он без труда проник во двор крепости, где содержался генуэзец — там был устроен небольшой рынок, и весь день шла торговля. Но подступиться к башне, где содержался пленник, Али не смог — у входа постоянно дежурила охрана. Перебить столько воинов одному человеку было невозможно.

Вечером Али покинул крепость и внимательно осмотрел башню. На самом ее верху виднелось небольшое окно — там содержался пленник. Залезть на башню было невозможно, потому что ее покрывала гладкая штукатурка. Но саму крепостную стену не чинили с древних времен. Она состояла из грубых каменных блоков; скреплявший их когда-то раствор давно уже выветрился из широких щелей. По ней без особого труда можно было забраться вверх.

На следующий день Али купил на рынке длинную крепкую веревку, обвязался ею и затаился в зарослях крапивы недалеко от крепостной стены. Когда стало темнеть и на небе появились первые звезды, он съел волшебную лепешку (она к этому времени совсем высохла и больно царапала десны).

Наступила ночь. В окне на вершине башни зажглась свеча, и Али ощутил, что райские врата уже рядом. Он подкрался к стене, и, осторожно вставляя ножи в щели между камнями, полез вверх. Вскоре он добрался до зубцов.

Накинув веревку на ближайший к башне зубец, он завязал ее в особую скользящую петлю, как учили в Аламуте. Сев в нее, он спустился на нужную высоту. Затем он взвел арбалет, оттолкнулся от стены и попытался, раскачиваясь, как маятник, долететь до окна. Но это оказалось невозможным — мешал выступ башни. Али был совсем недалеко от окна, но видел в нем только узкую полосу стены в дрожащем свете свечи. После нескольких безуспешных попыток приблизиться к цели Али застыл в неподвижности и попытался сосредоточиться. Но это плохо получалось.

Ночь вокруг была дивной. Небо сверкало и подмигивало звездами, луна горела холодным голубым огнем, трещали цикады, и ветер приносил какие-то удивительные, странные запахи, словно неподалеку действительно был райский сад, полный цветов. Этот сад находился совсем рядом, до него было рукой подать —

и вместе с тем он был недостижимо далеко... Али подумал:

«Как странно устроена жизнь. Вокруг такая красота — даже самый великий художник не смог бы ничего улучшить. И в самом центре этого божественного сада висит на веревке человек, который пытается попасть в рай, убивая других людей. Такой путь, сказали ему, называют дорогой смирения. Вот только чтобы пойти по этой дороге дальше, не хватает трех шагов по стене...»

Почему-то эта мысль показалась ему невыносимо смешной. Смеяться было нельзя — могла услышать стража, — но Али ничего не мог с собой поделать. Он захихикал, сначала тихо, а потом все громче и громче. Мысль о том, что его могут обнаружить, еще сильнее развеселила его. Ему стало страшно, что он не контролирует своего веселья. Но этот страх тут же показался ему настолько смешным, что хохот Али превратился в какое-то урчащее завывание.

Вдруг из окна башни высунулась человеческая голова, отчетливо различимая в лунном свете. Али увидел длинные волосы, развевающиеся вокруг выбритой на макушке тонзуры (он знал, что так делают не только христианские монахи, но и те миряне, которые хотят выглядеть особенно благочестиво). Затем к нему повернулось изумленное морщинистое лицо.

Али выстрелил из арбалета раньше, чем понял, что это и есть его мишень — годы упражнений не прошли зря. Неоперенная стрела попала несчастному в глаз. Раздался крик, и голова исчезла в окне.

Мучавший Али приступ смеха сразу прошел.

«Надо же», — подумал он и быстро заскользил по веревке вниз.

Когда Али вернулся в Аламут, Алаудин объяснил, что произошло с ним на крепостной стене.

— Кроме видимого нами мира, — сказал он, — есть еще иннический мир и джиннический мир. Их населяют невидимые существа, которые иногда вредят человеку, а иногда помогают ему. Подобный смех вызывается тем, что тебя начинает щекотать злобный джинн, который своим магическим зрением видит праведника, стоящего на самом пороге рая.

— А зачем ему делать такое?

— Затем, что сам этот джинн никогда не попадет в рай. Он знает об этом, и его мучит зависть. Поэтому он стремится навредить тебе. В прошлом году из-за него мы потеряли одного из наших лучших убийц. Наш человек должен был сразить византийского посланника, но увидел в его свите карлика с мартышкой, и его разобрал такой смех, что он выронил кинжал на дорогу. Конечно, его тут же схватили и предали страшной смерти.

— А что надо делать, если тебя щекочет злой джинн? — спросил Али.

— В таких случаях следует вспомнить, как жутко он выглядит на самом деле, и смех пройдет. Наоборот, тебе сразу станет страшно.

— А как он выглядит?

Алаудин показал ему потрепанный кусок папируса, на котором был нарисован человек с головой остроухой собаки. Папирус выглядел очень древним, и его покрывали непонятные письмена.

— Вот так, — сказал он.

Как и все остальные объяснения Алаудина, это звучало вполне убедительно. Но Али подумал, что лучше не вспоминать в бою про этого джинна, поскольку так можно развеселиться еще сильнее.

Алаудин сказал, что в этот раз награды придется подождать пару дней — у ордена скопилось много дел, и его новые члены должны были испытать отблеск неземного счастья перед своим первым поручением.

Задержка оказалась кстати — за ее время в голову Али пришла неожиданная мысль.

Он уже догадался, что его переносят в волшебный сад, предварительно угостив сонной микстурой. Очевидно, снотворное примешивали к ужину, потому что он оказывался в раю утром. Али решил выяснить, как именно он попадает в сад. Каждый день он стал откладывать половину обеда, и ел ее на ужин. А ужин, который приносили слуги, он выкидывал в окно.

Через три дня в его комнату ночью вошли люди.

Один из них несколько раз ткнул его длинным прутом. Али сделал вид, что ничего не чувствует.

— Берите его, — прошептал незнакомец.

Крепкие руки подхватили его и подняли над землей. Али понял, что его несут в ту часть замка, где хранятся запасы съестного. В одном из помещений был глубокий колодец, пробитый в скале до самой реки, — им давно не пользовались и сохраняли только на случай осады (воду для всех нужд уже много лет брали из горного ручья). Али посадили в широкую деревянную бадью и стали спускать вниз.

Когда река была уже рядом, чьи-то руки потянули бадью вбок и втащили ее в небольшое темное помещение, выдолбленное в скале. Оттуда Али перенесли в знакомую комнату с непристойным орнаментом и опустили на ложе.

— Он у нас в третий раз, — сказал тихий женский голос.

— Последний, — ответил мужской. — Следующего дела ему не пережить. Рай не должен становиться привычкой. Это ведет к сомнениям...

Второй человек тоже говорил тихо, но Али узнал его. Это был Алаудин.

Как всегда, Алаудин оказался прав. Третье посещение волшебного сада не произвело на Али вообще никакого впечатления. Гурии казались ему усталыми и измотанными. Музыка неприятно резала слух. И даже появившееся в саду новшество — райские мальчики — не вызвало в нем энтузиазма.

«Можно подумать, тут рай для христианских ростовщиков», — подумал он.

Эти мальчики, один из которых постоянно бегал в нужной чулан из-за расстроенного желудка, вызвали у него только одно чувство — жалость. Али совсем недавно был таким мальцом сам. Вспомнив об этом, он решил, что ему еще повезло с профессией.

К гуриям он в этот раз вообще не прикоснулся, зато съел почти все сладости, которые были разложены на парчовой скатерти.

Их вкус казался ему таким же неземным, как и в первое посещение сада.

«Все же Алаудина нельзя считать обманщиком, — думал он. — Он ведь не говорит, что это место — рай. Он говорит, что это тень рая, от которой у него есть тень ключа... Даже если все дело в какой-то примешанной к еде субстанции, он наверняка получает ее таинственным и святым путем по воле Аллаха... Скорей всего, я так ничего и не узнаю про это до самой смерти. Или... Или надо что-то придумать прямо сейчас...»

Вскоре, как это обычно бывало в конце райского дня, ему захотелось спать. А на следующий день Алаудин дал ему новое задание.

Али должен был убить монгольского хана.

— Ты достаточно долго шел по дороге смирения, Али, — сказал Алаудин торжественно. — Теперь ты без всяких сомнений войдешь в сень вечного блаженства. Постарайся только сначала выполнить это великое дело. Мы будем всегда гордиться тобой, сын мой...

Али предстояла долгая дорога, и его снаряжение должны были готовить целую неделю.

Прошло несколько дней. Все убийцы отбыли на задания, и замок опустел — а это значило, что в райском саду больше не осталось посетителей.

«А почему бы мне не спуститься туда самому? — подумал Али. — Другого случая все равно уже не представится. Зря, что ли, я учился лазить по канату?»

Когда наступила ночь, он решился.

Он избегал думать о том, что случится, если на него наткнутся слуги Алаудина. Но на всякий случай он надел боевой плащ, к которому были пришиты ножны с двумя катарами. Ему было страшно — гораздо страшнее, чем во время убийств, которые он совершал по приказу господина. Тогда он знал, что его душа попадет в рай. А вот куда она пойдет, если его убьют свои, было ясно не до конца. Теперь он понимал, как чувствуют себя неверные, подвергаясь смертельной угрозе.

К комнате с колодцем Али пробрался незамеченным. Ее дверь была заперта на замок, но Али без труда открыл его женской шпилькой, которая была припасена у него на такой случай. Оказавшись внутри, он запер дверь, осторожно спустил в бездну над рекой веревку и полез по ней вниз.

Когда до него уже долетали брызги ревущей внизу воды, Али увидел перед собой освещенный тусклой плошкой коридор, выдолбленный в скале. В его стенах было несколько дверей. Спрыгнув на каменный пол, Али пошел вперед.

Дойдя до первой двери, он приоткрыл ее и понял, что она ведет в украшенную непристойным орнаментом комнату (с другой стороны вход закрывала узорчатая деревянная панель, сдвигавшаяся в сторону).

За следующей дверью была кухня, где при свете масляных ламп суетились женщины. Али с тяжелым чувством узнал в них гурий. Теперь на их голенях не было красных полосок, изображающих костный мозг, а одеты они были в грязные холщовые рубахи. Но Али не стал рассматривать их слишком долго, потому что его могли заметить. Он пошел дальше.

Третья дверь, расположенная в самом конце коридора, вела в заросший крапивой угол сада у старой каменной стены. Рядом с выходом никого не было. Али выбрался наружу и затаился в зарослях до рассвета.

Когда вокруг стало светло, он пошел вдоль стены, прячась в зарослях крапивы. Вскоре он увидел поляну, где проходили райские пиршества. Она была покрыта мусором, объедками и подсохшими лужами рвоты — видимо, после отбытия последней партии героев еще не убирали.

Затем Али обнаружил калитку, которую никто не охранял. От нее вниз к реке спускалась тропа.

Он стал пробираться дальше и через некоторое время вышел к кухне с другой стороны. Тогда он понял, что обошел весь рай по кругу. Теперь женщины работали в кухонном дворе — они были видны лучше, чем из каменной норы коридора, и Али мог как следует рассмотреть гурий, не боясь, что они его заметят.

Сидя у расстеленных на земле полотнищ, они готовили какую-то снедь. Одна гурия отжимала сок из лимонов и мандаринов — видимо, он предназначался для шербета. Перед другими лежали финики и орехи, мед и кунжутная паста — все это было необходимо для приготовления халвы. Но две или три гурии определенно занимались чем-то странным.

Они сидели перед целой горой свежесобранной крапивы — той самой, которая росла в дальних уголках сада. Девушки терли между ладоней ее клейкие зеленые верхушки, потом собирали со своих рук загустевший сок и передавали его темные катышки подругам, которые готовили халву и шербет. Работа была утомительной, и девушки тихо напевали какую-то унылую песню.

Вскоре с кухни выглянула служанка.

— Идите есть, — позвала она. — Потом надо будет замесить немного теста. Господин велел приготовить пару лепешек.

Гурии поднялись и ушли в кухню. Двор опустел.

Подождав несколько минут, Али вышел из своего укрытия, взял горсть свежеприготовленной халвы, вернулся в заросли и съел ее.

Через некоторое время он ощутил то же самое, что происходило каждый раз, когда он пил шербет перед входом в райский сад или готовился к атаке.

«Оказывается, — изумленно подумал он, — все дело в бесполезном сорняке, который растет на каждом пустыре!»

Али не знал точно, что это за трава, и с детства привык называть ее просто «крапивой», хотя эта ее разновидность не жалила. Ему было известно только то, что крапива растет на пустырях и часто образует заросли выше человеческого роста, которые можно использовать в качестве укрытия. Так он всегда и делал, а один раз перед атакой даже съел в этих зарослях привезенную с собой издалека волшебную лепешку.

Подумав про волшебные лепешки, Али усмехнулся. Он понял, для кого их велено было приготовить.

Несколько секунд он боролся с желанием выйти к гуриям и сказать им, чтобы они не трудились зря замешивать тесто, но решил не тревожить их.

Подняв голову, он долго глядел на уходящие к облакам стены Аламута, затем повернулся и пошел к выходу из рая.

Отчего-то ему вспомнился джинн с головой остроухой собаки, которого ему показал Аладин, и он стал смеяться — сначала тихо, а потом все громче и громче. «Тень Всевышнего, — думал он. — Надо же, тень Всевышнего...»

Гурии услышали его смех и заметались по кухонному двору, визжа от страха.

— На помощь! — кричали они. — Здесь чужие!

Из кухни выбежали два заспанных стражника. Но Али был уже возле калитки, ведущей прочь из райского сада. Закрыв ее за собой, он стал спускаться реке. Крапива росла повсюду — ее было столько, что вскоре Али стало тошно на нее смотреть.

«Украду лошадь, а дальше видно будет, — думал он. — Профессия у меня есть, инструменты с собой. А рай... Ну кто бы мог подумать, что те самые люди, которые обещают привести нас туда, и есть слуги зла, которые прячут ведущую туда дорогу...»

Али вспомнил быстрые движения женских ладоней, перетирающих крапиву.

«Если будет на то воля Аллаха, попаду в рай и без проводников. Ну а если Аллах этого не захочет, разве сможет мне тогда помочь хоть кто-то из людей?»

Комментарий Суфия

Вещи, которые, как нам кажется, распределяются важными и духовно продвинутыми людьми, на самом деле приходят к нам из источника, о котором мы даже не имеем понятия. Это первый урок.

Второй урок таков — следует помнить, что Всевышний не отбрасывает тени. У него нет ни спутников, ни компаньонов, ни семьи, ни заместителей — его любовь изливается на нас не через посредников, а прямо. Каждый человек живет в луче этой любви от рождения до смерти. Его жизнь и есть этот луч. Земные мудрецы нужны только для того, чтобы человек мог это понять, если не видит сам. Нет смысла искать других чудес, пока не понято это. А когда постигнуто это чудо, другие уже не нужны.

Истину бесполезно искать в прошлом, среди костей, могил и пожелтевших свитков. Ее нет в будущем, среди наших надежд и страхов. Ее нет даже в настоящем, среди иллюзий и миражей, ибо она запредельна всему. Но это не значит, что ее трудно найти. Можно сказать, что все в нашем мире скрыто во мраке и таится в неясности — и лишь одна истина являет себя свободно и открыто. Истина распахнута настежь, и не бывает ничего ближе к нашим глазам, ибо она и есть их свет. Она нигде — и всюду, куда падает наш взгляд или устремляется мысль. Но есть ли в нас тот, кто способен ее увидеть? Юноша, решивший, что понял эти слова, — не торопись с ответом.

Думать, что бывают люди, стоящие ближе ко Всевышнему или дальше от него, — это как считать, что в полдень есть такие, кто ближе к дневному свету. Когда мы открываем глаза, мы видим свет, когда закрываем их, тьма видит нас, и большего в человеческую жизнь не вместить. Если мы не понимаем этого и верим проходимцам, которые обещают нам «дивное учение из нездешних стран», чем мы лучше накрашенной свекольным соком танцовщицы, покупающей себе на базаре приворотное зелье и пеструю шаль?

Уверения разнообразных жуликов в том, что кратчайшая дорога к свету проходит исключительно через их лавку (и ни в коем случае не через лавку соседа), — просто нечистый промысел, которым они зарабатывают себе на жизнь. Дорога к свету проходит везде, где человек открывает глаза. А что такое свет и тьма, по воле Всевышнего каждый знает в своем сердце сам.

Если вы думаете иначе, а также употребляете одурманивающие субстанции на регулярной основе, ваше понимание мира будет несовершенным, и этим обязательно воспользуются лихие люди.

Третий урок таков: то, что кажется иному человеку раем, для другого будет просто нездоровым образом жизни.

Абдул-Вахид Кропали

Комментарий историка

Ассасинами назывались члены тайной секты, относящейся к исмаилитам — тем шиитам, которые считали Исмаила, старшего сына 6-го шиитского имама, законным седьмым имамом. Большинство шиитов признавало седьмым имамом другого человека, и, как часто бывает, сектантские расхождения служили для решения вопросов, не имеющих никакого отношения к божественному порядку, но зато прямо связанных с земной властью.

Происхождение слова «assassin» не вполне ясно. По одним сведениям, это слово произошло от арабского «хашишиин», или «гашишин» — «поедатель гашиша». По другой версии, «ассасин» происходит от арабского assass (основание), и словом assassiyun обозначались первые фундаменталисты — последователи изначальной чистой и простой версии ислама.

Историки утверждают, что секта ассасинов была основана Хассаном ибн аль-Саббахом в 1078 году, чтобы поддержать претензии Низара на трон халифата Фатимидов (отсюда третья версия возникновения слова «ассасин» — от hassansin, «хассановец» — по имени основателя). Их штаб-квартира была расположена в труднодоступном замке Аламут на северо-востоке Персии. Ассасины пользовались огромным влиянием и внушали ужас, потому что впервые в истории стали использовать для политических расправ убийц, которые не боялись смерти, поскольку были уверены, что попадут в рай, если погибнут во время миссии.

Современники сообщают, что оружием ассасина был отравленный кинжал; говорят также, что глава ассасинов Алаудин давал острый и длинный нож каждому из убийц лич-

но, и среди этих ножей не было двух похожих. Некоторые источники утверждают, что ассасины выходили на задания в состоянии наркотического опьянения; кроме того, гашиш якобы играл большую роль в их ритуалах. Последнее представляется маловероятным, поскольку ислам строго воспрещает наркотические вещества, и исторический основатель секты Хассан известен тем, что приговорил к смерти собственного сына, когда тот выпил немного вина (впрочем, некоторые считают это проявлением типичного для сектантов лицемерия).

Самой известной жертвой ассасинов был Конрад де Монферрат, заколотый накануне своего восшествия на трон латинского Иерусалимского королевства. От рук ассасинов пали также халиф Аль-Адиль, Раймонд II Трипольский, патриарх Иерусалима Альберт и множество менее заметных политических фигур, как христиан, так и мусульман. По сведениям Марко Поло, в 1265 году после трехлетней осады Аламут был взят одной из армий хана Гулагу, разрушителя Багдада. Все обитатели замка и последний глава секты Алаудин были преданы смерти.

И.С. Тиновойский

Комментарий культуролога

*Те, кто смотрел фильм «Apocalypse Now», помнят сцену, где бритый наголо Марлон Брандо спрашивает симпатичного молодого офицера, присланного в джунгли, чтобы убить его: «Are you an assassin?» Эти слова были переведены так: «Ты умеешь убивать?» Гоблиновский перевод, основанный на звукоподражании, звучал иначе: «ты че, ассенизатор? Типа, приехал г*** чистить?» Обе версии не вполне точны — хотя вторая полнее передает игру слов оригинала.*

В современном английском слово «assassin» означает ликвидатора, который убивает кого-то важного — за деньги или в политических целях. Но это далеко не единственное значение термина. В городе Сан-Франциско существует основанная на употреблении кристаллического метамфетамина гомосексуальная субкультура («crystal fags»), где так называют женщин — из-за дважды повторяющегося в слове корня «ass» («задница» или «человеческая личность, взятая в сугубо сексуальном аспекте»). Это почти буквальное совпадение с известной грузинской идиомой «zhivotnae dvuzhopae». Легко заметить параллель и с другим распространенным термином гомосексуального арго — «двустволка» (возможно, что оттенок угрозы в таком словоупотреблении не случаен и связан со способностью лукавого двужопого существа разбивать однополые союзы, привязывая к себе мужское сердце J).

Термин «assassin» часто обозначает у санфранцисских геев не только женщину, но также и мужчину, играющего в гомосексуальном сношении пассивную роль («bottom guy») — такой вид смыслового переноса называется «метонимия», замена одного слова другим на основе связи значений по смежности. Кроме того, слово «assassin» может быть представлено как «ass as sin», то есть «жопа как грех».

Мрачность подобного словоупотребления объясняется тем, что использование кристаллического метамфетамина резко увеличивает опасность инфицирования СПИДом, поскольку принимающие его лица приходят в состояние умоисступления, не контролируют своих действий и не в состоянии предохраниться от возможной инфекции, вероятность которой при незащищенном анальном сношении близка к ста процентам. Не вызывает сомнений, что Марлон Брандо употре-

бил слово «assassin» именно в этом значении (что, в частности, доказывает просьба засунуть палец ему в зад, с которой он обратился к партнерше по фильму «Последнее танго в Париже»).

Трудно избавиться от чувства острой жалости ко всем этим людям.

Кандидат филол. наук
Майя Марачарская-Кокоева

Комментарий юриста

Надо помнить, что у нас свободная страна, поэтому прайс-лист плавающий. Инструкций насчет двести двадцать восьмой статьи сверху не спускают — это не политика, и все зависит от конкретного мусора. Если кто-то отмазался за двести уев, из этого не следует, что тебя тоже отпустят за двести уев. Могут вообще не взять денег и посадить, такое тоже бывает. Но это не значит, что очко должно постоянно играть полонез Огинского. Потому что, носи ты ее с собой или нет, если им надо, они все равно ее у тебя найдут.

Все зависит от обстоятельств. Если, например, тебя долго пасли госкомитетчики, и ты при этом реально на отдаче и держишь точку, то дело может дойти до продажи всего имущества с одалживанием денег у знакомых, и при этом тебя все равно отправят пыхтеть на контору, потому что кидают мусора так же легко, как берут лэвэ. Ну а если тебя просто случайно остановили, обыскали и нашли (или подбросили, что с юридической точки зрения имеет те же последствия), и это работают не спецы, а простые отходы, то тогда от двухсот до тысячи уев на месте и от тысячи до пяти тысяч, если денег с собой нет и некому их срочно привезти. Тысяча уев — это чтоб отпустили с места без обыска, потому что после обыска может включиться совсем другой счетчик. А пять тонн уя — когда уже отвезли в обезьянник. Но опять же, на кого попадешь.

Например, «летучие голландцы». Это такой спецотряд с особыми полномочиями, типа сразу все конторы в одном неброском флаконе. Почему неброском — они ездят на неприметных машинах, а на крышу, если надо, выставляют мигалу, и движки у них форсированные. Дураку ведь понятно, что за форсированный движок придется конкретно доплатить, иначе на фиг его было форсировать. И еще многое зависит от того, как будешь себя вести, потому что понтов они ох как не любят. А будешь возбухать про адвоката и Страсбургский суд, так они кроме травы найдут у тебя молоток и фотографию Усамы бин Ладена, и любому Страсбургскому суду ты после этого будешь глубоко неинтересен.

Вот был случай недавно — ехал один модный диджей на крутом «мерине», а его остановили голландцы и вежливо потрогали за жопу. А у него над рулем висит такая фишка — тэг с надписью «сообщество «фламурный гашизм», это он сам придумал. Ну и на кармане, понятное дело, грамм пятнадцать. Короче, с трудом договорился на косарь, который у него как раз был с собой, отдал его и уже вылезает из их машины, и тут у него мобильный как заиграет: «мусора бля пидарасы, меня взяли с ганджубасом...» Мусора говорят, ах, пидарасы? И попал он, короче, не на штуку, и не на три, а на все пять. Во как.

Так что мой вам совет, ребят, — задумайтесь, может, без дури оно поумнее будет. А про лигалайз забудьте. Кто вам лигалайз сделает, когда с одной стороны мусора, а с другой водочная мафия? Нет, ребят, надо быть реалистами и принимать жизнь такой, какая она есть.

И на всякий случай, если кто-то еще живет трендами вчерашнего дня, — все цены были в евро.

Валентин Западво,
Партнер, адвокатская контора
«Западво и Западво»

Комментарий нарколога

Действие гашиша на человеческий организм изучено не до конца. Известно, что при употреблении в больших дозах он вызывает резкие и неконтролируемые спазмы грудной клетки, внешне напоминающие смех. После того, как спазмы проходят, отравленный гашишо́м человек ощущает беспричинный страх и, чтобы отвлечься, начинает лихорадочно поедать все съестные припасы, до которых может добраться, особенно сладости. Из-за этой особенности наркотика люди, страдающие гашишной наркоманией в хронической форме, часто отличаются нездоровым избытком веса.

Гашишного наркомана легко узнать по складкам жира на теле, дистрофичной мускулатуре, свалявшимся сальным волосам, потухшему взгляду и гуляющей на губах бессмысленной улыбке. Его кожа имеет неестествен-

ный землистый цвет; ее покрывают глубокие морщины, из-за которых наркоман выглядит на много лет старше своего настоящего возраста.

Употребление гашиша вызывает потерю интереса к карьере, профессиональному росту и любым формам общественно полезной деятельности. В жертву наркотику приносится не только социальная реализация, но и личная жизнь (половой акт вызывает у гашишного наркомана необъяснимый страх и отвращение). Гашиш несовместим со спортом и творчеством. Человек, употребляющий это вещество, перестает следить за собой и становится равнодушен к личной гигиене. Он подолгу сидит на одном месте, глядит в стену и издает нечленораздельные звуки. Через некоторое время после этого наступает смерть.

Канд. мед. наук
Даджал Абулахабов

Содержание

Литературно-художественное издание

НАРОДНОЕ СОБРАНИЕ СОЧИНЕНИЙ ВИКТОРА ПЕЛЕВИНА

Пелевин Виктор Олегович

П5

Ответственный редактор *О. Аминова*
Младший редактор *А. Семенова*
Художественный редактор *А. Сауков*
Технический редактор *Н. Духанина*
Компьютерная верстка *Е. Кумшаева*
Корректор *Н. Сикачева*

ООО «Издательство «Э»
123308, Москва, ул. Зорге, д. 1. Тел. 8 (495) 411-66-86; 8 (495) 956-39-21.

Өндіруші: «Э» АҚБ Баспасы, 123308, Мәскеу, Ресей, Зорге көшесі, 1 үй.
Тел. 8 (495) 411-68-86; 8 (495) 956-39-21.
Тауар белгісі: «Э»
Қазақстан Республикасында дистрибьютор және өнім бойынша арыз-талаптарды қабылдаушының өкілі «РДЦ-Алматы» ЖШС, Алматы қ., Домбровский көш., 3«а», литер Б, офис 1.
Тел.: 8 (727) 251-59-89/90/91/92, факс: 8 (727) 251 58 12 вн. 107.
Өнімнің жарамдылық мерзімі шектелмеген.
Сертификация туралы ақпарат сайтта Өндіруші «Э»

Сведения о подтверждении соответствия издания согласно законодательству РФ о техническом регулировании можно получить на сайте Издательства «Э»

Өндірген мемлекет: Ресей
Сертификация қарастырылмаған

Подписано в печать 15.12.2015. Формат 84x108 $^{1}/_{32}$.
Гарнитура «Гарамонд». Печать офсетная. Усл. печ. л. 16,8.
Тираж 3000 экз. Заказ 9452

Отпечатано с готовых файлов заказчика
в АО «Первая Образцовая типография»,
филиал «УЛЬЯНОВСКИЙ ДОМ ПЕЧАТИ»
432980, г. Ульяновск, ул. Гончарова, 14

Оптовая торговля книгами Издательства «Э»:
142700, Московская обл., Ленинский р-н, г. Видное,
Белокаменное ш., д. 1, многоканальный тел.: 411-50-74.

По вопросам приобретения книг Издательства «Э» зарубежными оптовыми покупателями обращаться в отдел зарубежных продаж
International Sales: International wholesale customers should contact Foreign Sales Department for their orders.

По вопросам заказа книг корпоративным клиентам, в том числе в специальном оформлении, *обращаться по тел.: +7 (495) 411-68-59, доб. 2115/2117/2118; 411-68-99, доб. 2762/1234.*

Оптовая торговля бумажно-беловыми и канцелярскими товарами для школы и офиса:
142702, Московская обл., Ленинский р-н, г. Видное-2,
Белокаменное ш., д. 1, а/я 5. Тел./факс: +7 (495) 745-28-87 (многоканальный).

Полный ассортимент книг издательства для оптовых покупателей:
В Санкт-Петербурге: ООО СЗКО, пр-т Обуховской Обороны, д. 84Е.
Тел.: (812) 365-46-03/04.
В Нижнем Новгороде: 603094, г. Нижний Новгород, ул. Карпинского, д. 29,
бизнес-парк «Грин Плаза». Тел.: (831) 216-15-91 (92/93/94).
В Ростове-на-Дону: ООО «РДЦ-Ростов», пр. Стачки, 243А.
Тел.: (863) 220-19-34.
В Самаре: ООО «РДЦ-Самара», пр-т Кирова, д. 75/1, литера «Е».
Тел.: (846) 269-66-70.
В Екатеринбурге: ООО«РДЦ-Екатеринбург», ул. Прибалтийская, д. 24а.
Тел.: +7 (343) 272-72-01/02/03/04/05/06/07/08.
В Новосибирске: ООО «РДЦ-Новосибирск», Комбинатский пер., д. 3.
Тел.: +7 (383) 289-91-42.
В Киеве: ООО «Форс Украина», г. Киев,пр. Московский, 9 БЦ «Форум».
Тел.: +38-044-2909944.

Полный ассортимент продукции Издательства «Э» можно приобрести в магазинах «Новый книжный» и «Читай-город».
Телефон единой справочной: 8 (800) 444-8-444.
Звонок по России бесплатный.

В Санкт-Петербурге: в магазине «Парк Культуры и Чтения БУКВОЕД»,
Невский пр-т, д.46. Тел.: +7(812)601-0-601, www.bookvoed.ru/

Розничная продажа книг с доставкой по всему миру.
Тел.: +7 (495) 745-89-14.

ISBN 978-5-699-84684-9

9 785699 846849 >

ИНТЕРНЕТ-МАГАЗИН

18+